筆尖上的成長

名師帶你讀作文

卷一

中

李震 主編

Contents 目錄

001　二十一世紀的青春氣派 / 陸志平

CHAPTER 01

文字感覺

002　塑其形　悟其神　煉其辭　立其魂
　　　── 強化寫作的文字感 / 靳賀良

009　平衡 / 李冰潔

011　讓心到達 / 王書言

014　不一樣的眼光 / 顧欣梅

016　感受「小高考」/ 吳安妮

019　毛茵，為春天鼓掌 / 劉岳

022　根 / 益夢佳

024　生活不在別處 / 梁馨月

027　詩意心 / 劉曉慧

030　眼光 / 錢琨

033　懂你 / 劉明珠

035　假如我是她 / 萬亞會

038　畫裡畫外那些人和事──《樹的受刑》/ 陳曉菡

042　韶華逝去的思緒 / 單欣宏

045　悠悠漢字情，赤誠中國心 / 焦玲玲

048　《飄》的味道 / 孟瑞

050 讀我 / 陳尚東

053 詩意生活 / 劉麗珠

055 你聽，真美 / 徐晨

CHAPTER 02

審題立意

058 作文的審題與立意 / 周景雨

065 車站 / 陳曦

068 兩顆行星的交談 / 龔曉萌

071 生命的音符 / 徐雪純

074 面對突發事件 / 劉子寧

078 勇於放下 / 周琪

080 穿越 / 霍雨佳

083 再向前跨一步 / 吳佳佳

085 讓生命站立成樹 / 張貝爾

087 控制 / 潘宇飛

089 第一步 / 史佳民

092 品 / 周青青

095 他們 / 吳涵

099 逼 / 寇天一

102 心牢 / 楊紫涵

106 定格 / 吳怡慧

109 控制 / 慕童

112 以苦為樂 / 楊孟喬

114 珍藏美好 / 楊鑫

CHAPTER 03 真情實感

118 **感人心者，莫先乎情**
　　—— 談如何表現真情實感 / 王兆平 胥照方

123 生病的日子 / 曹夢梅

126 等 / 周藝

129 依橋傍水好乘涼 / 劉文君

132 三月，六月，九月 / 張笑

135 面對突發事件 / 楊蘭婷

138 十字路口 / 洪詩穎

141 老房子 / 薛菲

144 外婆家的銀杏樹 / 朱驍涵

147 蒸團 / 楊希

150 流螢朦朧 / 滕秋茵

153 記錄微笑 / 吳優

155 家的感覺 / 單蓉

157 轉身嗅見茉莉香 / 卞笑笑

160 生活的提醒 / 項思遠

163 春來草自青 / 陳旭初

165 那一片綠色 / 丁潔瓊

167 方便 / 馬思嘉

170 綠色生活 / 王明航

173 人在高三 / 崔佳

CHAPTER 04

思想厚度

178 讓思想為作文導航 / 趙仲春

181 恪守「度」/ 陳銳

183 一個被稱做學校的地方 / 呂安琪

186 潭影人生 / 李想

189 槐樹禮贊 / 胡英闊

191 思想・社會・線 / 蔣童

194 整理 / 盛星瑋

196 文化反思 / 賈玥

199 龍袍上的血斑 / 于瑾珵

202 給司馬遷的一封信 / 裴曉康

205 朝碧海，暮蒼梧——讀《文化苦旅》有感 / 徐碧澄

209 末路 / 何傳磊

212 憂與愛 / 田雪妮

214 直面彎路 / 劉昱麟

217 《簡・愛》讀後感 / 孫藝瀚

220 記憶深處的腳印 / 王樞

222 滿與空 / 李曉鷗

224 物質文明與精神野性 / 楊柳

227 小人物 / 郭佳

230 承受與享受 / 曹凡

233 已經擁有 / 劉懷宇

235 品讀經典 / 曹新航

238 突圍 / 時嘉姝

241 品 / 王蒙

244 青春的生命 / 楊義繁

247 美 / 楊羽

CHAPTER 05

時事評說

252 第一節　緣事而發以理為主
　　　　　　——時事評說寫作指導簡說 / 卜廷才

260 底氣 / 高銘澤

263 珍愛「現成」/ 蔡依依

265 清心寡欲，寧靜致遠——名作家改行拍電影之我見 / 匡政燠

268 聽話 / 戴冰韻

270 第二節　把握四「度」，打造時評佳作 / 管開兵

276 老海棠的堅守 / 劉岳

279 有味 / 萬昊

281 使用規範漢語，繼承民族瑰寶 / 陸穎瑤

283 那陣風吹過 / 羅靜

CHAPTER 06

睿思哲理

286 好作文要體現睿思富含哲理 / 李濤

292 品味時尚 / 葉蓁

294 留一點空間 / 何晨瑄

297 落花裡的宋詞 / 朱玥

300 疏 / 程雨

303 看似「平凡」的世界 / 張藝星

305 滿與空 / 張幟

308 感受鄉村 / 邱玥

310 留一點空間 / 單昊聰

313 傾聽潮聲 / 王德威

316 看似尋常 / 王正

318　菜園祭 / 安亮

321　生命的奇蹟 / 朱彤

324　燎原之火──讀《長征》有感 / 李霄

327　等 / 顧茗萱

331　有你在，燈亮著 / 胥磊

333　淡然處之 / 何曉莉

335　生命有度 / 孫煒凱

338　底氣 / 汪嘉偉

341　聽話 / 朱璿

343　注釋 / 馮雁鴻

CHAPTER

07

論證結構

348　形正則氣順
　　──談談議論文的論證結構 / 董彥君 張永慶

354　不懼他人眼光，只為自我理想 / 劉麗娜

357　氣象 / 陸熠鍇

361　人之初 / 夏會豔

364　「度」好一生 / 王慧敏

366　隨 / 朱霽康

369　在無人注意的時候 / 湯茗清

371　寂寞者的航行 / 張天愷

374　釋然，其實很簡單 / 張航

377　堅守夢想 / 錢麗雯

379　炳燭之明 / 顧宇玥

382　把根留住 / 李志偉

384　追夢無悔 / 夏星辰

387　拒絕平庸 / 陸楊

390　簡單的智慧 / 何佳琪

392　轉身 / 史建文

395　讓花兒靜靜地開放 / 孫成林

397　不一樣的眼光 / 楊春英

400　人生的紗線 / 李麗

403　瑕疵 / 陳海惠

406　品讀經典 / 盧巧雲

CHAPTER

08

想像聯想

410　第一節　怎樣給作文插上想像的翅膀 / 莫立剛

415　詩意地棲居 / 趙猛

417　假如我是莫言 / 李大辰

420　假如我是啄木鳥 / 安明

423　眼光 / 馬夢婷

426　霧中思緒 / 張潔平

428　最熟悉的陌生人 / 莊婉茹

431　畫不出的自畫像 / 李迅琦

435　生活如書 / 金茜茜

437　沉醉 / 田小娟

440　第二節　高考作文中聯想的運用 / 王經軍

445　點子 / 張幸怡

448　雨過天晴 / 王一民

450　朦朧雨巷 / 劉雨婷

453　又見花兒爛漫 / 張煜婕

456　綻放 / 董若筠

459　素錦華年 / 孫莉

462　美麗總是哀愁的——讀《我的遙遠的清平灣》有感 / 趙
　　　舒顏

465　鳳凰涅盤 / 王彬吉

CHAPTER

09

修改潤色

468　**內外兼修　優化表達**
　　　——作文修改潤色的認識與操作 / 沈中堯

473　為生命著色 / 陳思苗

478　留一點空間 / 閆婷

483　不一樣的眼光 / 陳舒曼

488　理解 / 吳滌清

492　明月百年心 / 陳昌媛

496　放慢腳步，等一等靈魂 / 游澤眾

501　簡簡單單的詩意 / 汪穎穎

CHAPTER

10

細節描寫

508　**成功的細節成就作文之美 / 張長松**

514　人生的作業 / 王倩雲

517　有這樣一個地方 / 于倩倩

520　曲線 / 陸琦然

523　幸福花香 / 王婷

526　值得品味 / 張文敏

528　青春的細節 / 徐芳

530　落葉歸根 / 夏賅

532　脈動 / 朱迪

535　缺席 / 朱龍邦

538　渡江 / 吳楚樵

541　熟悉 / 封茂

543　小幸福 / 潘薇冰

545　那一刻真美好 / 周睿璿

548　生氣 / 王睿

550　變質 / 高雅

CHAPTER

11

文化氣象

556　讓文化氣象成為學生作文獨特的風景 / 王學東

563　獨一無二的過寒菜 / 劉岳

566　俯仰之間 / 陳秋伊

569　櫻花九月別樣行 / 王辰成

572　手栽 / 張瀟

575　葬花·吟 / 盧鉞涵

582　佛燈一盞 / 陳心怡

584　按下暫停鍵 / 倪珊

586　清明 / 張鈞瑞

589　不一樣的眼光 / 梁濤

592　雨過天會晴 / 劉晗

595　假如我是它 / 董冬梅

598　格調 / 于靜秋

601　懷想天空 / 唐大舟

604　主動 / 張笑蘭

607　清淨心智 / 李陽

609　尋找一盞燈 / 徐瑋

611　懂你 / 許珊

CHAPTER 12 青春詩頁

616　**第一節　詩意地生活　靈動地表達**
　　　　　——中學生新詩寫作指導擷談 / 劉正旭 過建春

622　河流（外一首）/ 張哲

624　起航——致四川震災中失去親人的人們 / 戚如詩

627　陽光・微笑 / 單蓉

628　分你一半心跳 / 閆明

629　**第二節　呵護靈魂自由的火苗**
　　　　　——語文教師與高中生詩歌創作之我見 / 韋慶英

634　別吧，好走 / 程傑

636　被風吹過的夏天 / 程丹妮

637　城殤 / 李阿楠

368　陌上殘葉 / 張南寧

640　寫在盛夏光年裡的友情 / 李啟明

642　**後記**

649　**編輯的話**

CHAPTER 05

時事評説

緣事而發以理為主
——時事評說寫作指導簡說

江蘇省淮州中學 卜廷才

（江蘇省中學語文特級教師、淮安市中學語文學科帶頭人）

一、明白文體特徵是寫好時評的前提

　　時評是針對社會與時政發表評論的一種特殊的議論文。時評就是時事評論，主要是關於時風的評論。時風，指一個時代的風氣或一個時期的風氣，指世風、黨風、政風、官風、民風、行風、文風、學風等等。

　　時評的關鍵是當時、及時。時評的重點是評論、說理。「評」就是評說，就是講道理，而道理又必須是因事而生，有針對性地評說一件事或一種現象。概括起來，時評的特徵有「五性」：①真實性。時評面對的是真實的事件，召喚的是真實的判斷。對現實生活存在的真實的人、真實的事和真實的現象予以真實的評說，不為文造情，不矯揉造作。②情感性。時評的寫作要如同天然氣和石油的井噴一樣，不能閃爍其詞，或吞吞吐吐、遮遮掩掩。③有理性。時評需要理智的分析，理性的判斷，理論的闡釋，要擺事實、講道理。時評的寫作需要「以事實為依據，以道理為準繩」。④時效性。時評的時效性突出，應在事件發生之後不久就評說。新華社的「新華時評」、揚子晚報的「揚子時評」大都是隨新聞事件或新聞報導播發或發表的，以搶佔輿論引導的制高點。⑤

針對性。時評緣事而生，就是所評來自事件，有的放矢，不虛晃一槍。新華社對「新華時評」的要求是「緣事而發」，「抓住新聞事件，緊扣時代脈搏」，「針對性強」。人民日報對「人民時評」的追求是「緊密關注事實」，「讓評論與新聞如影隨形」，說的是時評要見事見物見觀點。

二、選好角度是寫好時評的保證

時評寫作的關鍵是選好構思角度，常見的構思角度有以下幾種：

一是從事件本身正誤的角度構思。這一構思角度要求是非分明，涇渭顯豁，不模棱兩可，不混淆是非，更不似是而非，使讀者認清是非正誤。〈「減負」已勢在必行〉一文就是。文章從一位全國人大代表的感慨「我們的孩子苦得沒有道理，苦得沒有價值」入筆，繼而擺出幾種現象：其一，書包越來越重，眼鏡越來越厚，身體素質越來越差……這是當前中小學生成長狀態的真實寫照。其二，越來越多的家庭作業，越來越多的輔導班……許多中小學生不再享有自由支配的課餘時間。其三，學生一進校門，就像上了緊張有序的流水線，今天的中小學校，儼然成了製造大學生的「工廠」。文章分析，在升學率這個數字的背後，丟掉了孩子多少求知的樂趣，犧牲了孩子多少寶貴的童年。競爭的壓力，過早地填滿了孩子的世界。然後，亮出作者的主張：「減負」勢在必行，否則將影響素質教育的全面推行，順民心，順民意，站在教育發展、社會發展的角度，用長遠的眼光來看問題，是全面推進素質教育的需要。文章理性地剖析過重課業負擔的危害，素質教育要求教育面向全體，全面發展，發揮學生個性特長。因此，要真正推進素質教育，「減負」已勢在必行。此文觀點鮮明，緊扣中小學生課業過重負擔評說，富有說服力。

二是從事件發生根本原因的角度構思。這一構思角度必須客觀地冷靜地辯證分析事件發生的原因。首先要清楚其根由始末，尤其要搞明白

它的根本原因是什麼，緊扣事件發生的某種原因展開評說，使讀者認清事件發生的緣由，認識事件的實質。〈對旅遊文明要保持一種「高壓信心」〉（2013 年 7 月 4 日《揚子晚報》）一文正是這樣。作者在以「頤和園十七孔橋附近十多名男性遊客同時面對頤和園外牆小便，引得外國遊客邊搖頭邊拍照」一句話交代事件，接著便側重分析事件的原因，先退一步說這些人文明意識淡薄：「對這些遊客來說，可能沒有覺得這是一件多大的事。這既不是在故宮裡『揮拳砸玻璃』，也不是在埃及刻字『到此一遊』，似乎沒什麼大不了，可他們忘記了，文明就是在合適的時間地點做合適的事，而不文明則是在不合適的時間地點做不合適的事。」繼而文章的主體部分分析了旅遊不文明現象頻頻發生的原因。一則辯證剖析當今旅遊文明程度現狀：「對此需要辯證地看，相對於過去，曝光的旅遊不文明確實較多，但要看到，過去旅遊人數較少，而且沒有自媒體，媒體在『報醜』時也有所慎重。可現在不同了，相對於過去，旅遊人數大大增加，社會開放性加大，自媒體發達，醜事越來越難捂藏。二則理性陳述社會對旅遊文明的希求：「更重要的是，社會從來沒有失去對不文明的痛感，而且越來越強烈。比如說，刻字游並不是中國人的『專醜』，美國黃石國家公園、義大利古羅馬大劇院都有刻字，我國八達嶺長城的磚上也有外國遊客『刻字留念』。可在上次丁某某埃及盧克索神廟浮雕上刻下『到此一遊』的事件中，我們的反應甚至比埃及人還要強烈。這表明了整個社會對提高國民素質、提升國家形象的一種迫切期待。」三則客觀闡述旅遊文明的發展階段：「旅遊文明有三個發展階段，其一，大家都感到不文明的不妥，但事不關己，高高掛起；其二，大家挺身而出，公開指責不文明；其三，大家珍惜文明，從自己做起踐行文明。當前，我們正處於第二階段向第三階段的跨越期。只要堅持下去，旅遊文明一定會到來。一段時間以來，得益於輿論一次又一次對旅遊不文明進行鞭笞，旅遊不文明已然大為好轉。這就是一個佐證。」文章的

針對性以及理性剖析，使讀者對旅遊不文明現象屢屢發生的原因頗有瞭解，因而對此產生痛感，也會理解、贊成作者毛建國的觀點：「從這一意義上說，還是應該對旅遊文明保持一種帶有高壓的信心。雖然在我們身邊還有像公開小便這樣的不文明現象，但只要始終懷有對旅遊不文明的痛感，『路見不文明一聲吼』，旅遊文明必將蔚然成風。」

三是從事件結果或影響的角度構思。這一角度要求我們構思時要著眼於事件的結果或影響。結果是好是壞，影響是憂是劣，是文章構思的觸點。〈一定要解聘卡馬喬嗎？〉（2013 年 7 月 6 日《揚子晚報》）一文就是如此。按照合同，中國足協要想與卡馬喬解約，至少要支付五百零一萬歐元違約金，並且還要繳納兩百二十五萬歐元稅金。而解約的原因是六月十五日，國足一比五敗給泰國隊。作者一針見血地指出事件的要害：「急於解聘卡馬喬的中國足協，就如同兩年前急於在聘請他的合同上簽字一樣，都是在一種非正常狀態下的衝動決策，從而在解約談判中導致本方被動。」接著，作者側重分析事件的結果。一為陳述卡馬喬的影響：「卡馬喬曾是享譽世界的著名球星，無論是在西班牙國家隊和皇家馬德里隊都有過出色的表現。卡馬喬執教西班牙國家隊期間，征戰歐洲杯和世界盃同樣也有不俗的表現。」二為解聘卡馬喬的後果：「對於中國足協的談判組而言，對於這樣一位有較高水準的足球人，我們在其未主動表示辭職，還有留在中國足壇、執行完餘下合同的意願時，主動奉送大額賠償金讓其走人，豈非『暴殄天物』？！」三為卡馬喬的作用：「卡馬喬不適合繼續在一線執教中國隊，但其在中國足壇仍有發揮「餘熱」的能量，繼續讓他留在中國足壇，其豐富的從業經驗，以及執教中國隊兩年來對球員和亞洲對手的瞭解等，仍然可以使其在過渡期內，以其它身份為中國年輕的執行教練提供參考意見。」

文章從卡馬喬的能力、影響以及解聘卡馬喬的後果等方面予以剖析，收到了以理為主、以理服人的效果。

四是從事件留下的教訓或啟發的角度構思。這一構思角度必須多從事後考慮，釐清其有什麼教訓，有哪些啟發，從而給人以教益。〈體育教師缺編三十萬意味著什麼〉（2012 年 12 月 3 日《新民晚報》），在提出「體育教師缺編三十萬，到底意味著什麼呢？」問題後，冷靜地指陳事件的教訓：順著這樣的思維，來審視體育教師缺編三十萬，不難發現，這種缺編，實際上表明在義務教育階段，中國的體育教育，已經失去系統性的保障，缺乏科學性的運行，處於臨時化的管理，相關教育的權利與責任，也都陷入到一個模糊地帶。那麼，造成這種缺編的教訓是什麼？文章列舉了兩種教育模式的弊端。不重視體育課，主要源於兩種嚴重錯誤的教育模式，一是圈養教育，一是應試教育。而且，義務教育階段的一些體育課，往往也都淪為「應試體育教育」，為達標服務，根本不注重培養學生喜歡運動的習慣，不懂得培育學生的運動文化，學生不可能讓運動成為一種價值信仰，成為一種生活方式。

文章最後一語破的地指出：「沒有合格的體育教師，哪來科學的體育教育，又怎麼可能培養身體健康和意志品質都過硬的一代？體育教師缺編三十萬，說到底，就是一種公共責任的嚴重缺失。悲哀的是，對這種公然損害教育權利，不履行公共責任的現象，在現實中卻沒有任何的責任追究和問責措施，這恐怕才是最值得深思的問題。」作者不只是給人們一個提醒，更是給人們一記警鐘。

五是從探索事件解決辦法的角度構思。這一構思角度要求我們不是僅僅停留於分析問題，而是要實事求是地提出解決問題的辦法。〈拿什麼消除我們的飲水焦慮？〉（2013 年 5 月 10 日《濟南日報》）就是如此。文中說：「當口水多過山泉水，當山泉水被說得不如自來水，當每個人都變得一頭霧水，一種更大的焦慮正在生成──現在，我們到底應該喝什麼水？」作者提出解決問題的兩種辦法：一要消除我們的飲水焦慮，當然還是要把話題重新拉回到那道「標準門」裡面來。二要借鑒國外在

保障飲用水安全方面的做法。比如日本污染飲用水要判重刑，英國飲用水標準會「與時俱進」，以色列卻沒有因為水資源的短缺而降低對飲用水標準的控制。

三、掌握幾種方法是寫好時評的途徑

要寫好時評，必須掌握一定的寫作方法。

首先，要就事論理，特別是要由事悟理。就是要旗幟鮮明發表自己對某件事或某現象的看法，或褒或貶，或彈或贊，實話實說，真話真說。寫時評，最需要的是集中精力對所評之事作出分析思考，形成自己的看法。評事的對錯，評事的成因，反思此事的教訓。評「事」不限於一點或一個角度，可以多點或多角度，但需記，所評所說，必須與所評之「事」密切相關，不能游離於「事」自顧自說話。

其次，要為自己的評判做出分析並闡述理由。時評，不但要寫出自己怎麼看，還要寫出自己這些看法的依據和理由。評事要言之有據、言之有物、言之有理，這樣，才能評到肯綮處，切中要害點，才能讓人心服口服以至佩服，收到辨是非、明事理的效果。評說、爭論、勸諫、諷喻、怨悱，嬉笑怒　，皆成文章。

第三，要掌握時評寫作的基本思路。思路就是文路，思路清，文路明，條清縷析才是好文章。結合〈復旦投毒案應喚醒的人性共鳴〉（2013年4月20日《中國經營報》）一文，我們來看時評寫作的基本思路。

第一步：引述事件，擺出評說的靶子。「材料」、「現象」就是事件，亦即引出評論物件，單文開頭說：「四月十六日下午三點二十三分，黃洋離開了人世。這個復旦大學醫學院在讀研究生，生命在經歷長達半個月的毀損與折磨之後，像失去最後勁道的時鐘，停止運轉了，將巨大的悲痛與驚愕，留在這人世間。」確立評論的物件，有針對性。

第二步：提煉觀點，確立評說的靈魂。時評屬於議論文一種，因此，觀點同樣必須鮮明，謳歌什麼，贊成什麼，反對什麼，要正確鮮明。單文指出：「我以為，這起已經讓全社會極度震驚的悲情事件，最終聚焦的落點，都應該是喚醒對人性的共鳴」。從個別到一般，由事件而理性，見解獨特。

　　第三步：讓事實說話，證明評說的觀點。擺事實，講道理是時評寫作的根基，要使文章主體部分成為腰闊膀圓的「豬肚」，就要有機地聯繫生活實際，緊緊圍繞論點，運用各種論證方法。單文聯繫「當晚，施難者林某在觀看楊德昌電影《牯嶺街少年殺人事件》」的事件有關實際進行分析：「那部電影，其實也是來源於生活真實。一九六一年六月十五日，臺北建國中學初二學生茅武，在牯嶺街上殺死了談過戀愛的女生，被判刑入獄。整整三十年以後，與茅武同屆不同班的楊德昌拍出《牯嶺街少年殺人事件》，展示了鮮血淋漓的殘酷青春，震撼了無數人心，帶來關於人性的深度體驗。」接著，作者進行假設性論證：「或許是我總是對文化力量抱有太高期待，比如，我現在就想，如果林某在投毒之前看過《牯嶺街少年殺人事件》，他看待這個問題的角度，他對人性價值的認知，會不會有所不同。我不知道。後來，黃洋師兄收到那條提醒注意一種化學藥物的陌生短信，讓案情獲得重大進展，讓林某被鎖定為犯罪嫌疑人，會不會就是在印證，人性終究能夠引起共鳴，有時來得太晚，只是因為缺少某種力量驅動。如果每一顆人心，每一種人性，都能得到充分重視，都能獲得重大發現，那麼，也就不會有那麼多的個體人性在慢慢變異，讓人心「中毒」，最後，這樣的「毒心」又轉移到離他最近的人那裡，進行殘忍地毀損與吞噬。從這個意義講，越是個體的，就越是人性的，最後也就越容易成為公共的。」用事件本身實際說理，使文章充滿張力、殺傷力。

　　第四步：收束全文，亮出作者的主張。單文結尾寫到：「劇毒既下，

生命危矣。現在，我們不禁要問，當林某在人心的戰場上，讓內心的魔鬼與上帝在纏鬥的時候，為什麼沒能有及時的人格教育來為他注入善良的力量？為什麼大學沒能有珍貴的生命教育來讓他懂得對人性的敬畏？為什麼社會公共治理的秩序沒能在他內心形成及時足夠約束自我的效應？」連續三問，回歸文章主旨，收束有力，引人深思。

底氣

高銘澤

江蘇省新海高級中學二〇一二屆
一個熱愛著古老的中華文化，留戀著叫化雞、桂花鴨的大男生，
他愛主持、愛英語短劇，還是資訊學奧賽江蘇省的一等獎獲得者，
現就讀於悉尼大學。

天上下著冷雨，一位推著車的老人突然倒了下去。試試鼻息，他已經走了。

圍攏上來的人群躊躇了一會，一個人站了出來為老人蓋上了雨衣。又一個人站了出來，撐著傘，為老人的屍體遮擋住了風雨。一個、又一個……在等待老人家屬到達的時間裡，互不相識的路人無聲地輪流著為素昧平生的老人撐起傘，撐起了老人最後的尊嚴。

這不是一個想像中的場景，而是二〇一二年三月七日發生在紹興的一個真實故事。

看到這新聞時的我禁不住鼻頭一酸——因為，在社會道德良心似乎不斷滑坡的今天，我終於又尋回了挺直胸膛的底氣，可以面向世界喊出中國人的自豪。

是的，一個社會的良心是這個民族自立自強、自豪地走向世界的底氣。

德國前國防部長的博士論文涉嫌抄襲，總理默克爾為其開脫說：「我們需要的是一名卓越的政治家，而不僅僅是學術研究者。」誰知竟引起兩萬多名教授的聯名上書，指出這可能成為日後學術不端的開始，要求她道歉並收回言論。迫於壓力，默克爾向社會公眾們低下了頭。在這裡，德國社會的良心被見證。而正是這種良心，

使德國社會從二戰後的廢墟中走了出來，並懷著堅強的底氣走向振興。德意志民族也憑藉這良心、這底氣，贏得了世界的認同。

反觀當代中國，我們無數次地為悲哀所打倒。那些「門事件」、「美事件」，國家機關頒布的《老年人跌倒干預技術指南》，不斷地弱化了我們的底氣、我們敢於對外宣傳「文明古國」、「禮儀之邦」的信心與力量。但是，我們也不應悲觀更不能消沉，因為正如那路人為老人撐傘的故事，我們社會的良心與民族的底氣無論何時都不會消亡。

我們要看到災難來臨時全國人民的眾志成城，看到記者們為「三‧一五」付出的汗水，看到哪怕行人施予路邊賣藝者的一點點善意。社會的良心不會被權威壓倒，不會被災難嚇怕，也不會被一兩個人或企業的行為抹殺。而這意味著我們民族的底氣常在，並將永存。

作為當代青年，我們要做的就是用我們的青春與熱忱去將這民族的底氣不斷增強，讓中華兒女能夠坦然堅定地邁向世界民族之林。因為這，是我們的責任；而我們，是社會的良心。

南京彭宇案、廣州小悅悅案，都成了大眾對道德底氣的歎息。而作者在寫這篇考場作文時以敏銳的眼光捕捉到當時紹興發生的動人消息，引出評議。開頭以簡潔而生動的描寫，再現了一個溫馨動人的畫面，讓人重新找到了社會道德的底氣。在論述中作者眼界開闊，聯想到德國總理默克爾的學術不端、中國的《老年人跌倒干預技術指南》等等，提醒人們，即使面對讓人歎息的沉重話題，民族道德的底氣依然浩氣長在，我們要做的不是歎息，而是讓這底氣加強。鮮活的材料，條縷的分析，縝

密的論證，使本文有理論的高度，有動人的氣勢，有昂揚的情
懷。

張長松

珍愛「現成」

蔡依依

江蘇省南菁高級中學二〇一三屆
身在理科班的文青一枚，有時小資小清新，有時熱血寫時評。
非淡泊無以明志，非寧靜無以致遠，吾其勉矣。現考入南京審計學院。

口罩脫銷，醫院擠爆，汽車尾氣揚起，煤煙粉塵彌漫……十面「霾」伏之下，代表最高警戒的橙燈，閃爍得那麼無力。百姓無奈而焦急地等著一場天風，畢竟要靠天喘氣、呼吸，我們遠未練就自強不「吸」的生命。

我們自己也記不清，從什麼時候起，乾淨空氣再也無處可尋，放心呼吸再也無法做到了。

也許，正是因為空氣那麼無處不在、那麼「現成」，我們才會熟視無睹，進而覺得無足輕重，以致理直氣壯地無原則索取、肆意破壞——當生活將裝滿瓊漿的器皿送到我們手中，我們心安理得地照單全收，理所當然地不去珍愛，不加節制地挖掘、掏空。

比如悶熱夏日平地而起的涼風，比如清寒冬日裡翩然而至的細雪，比如清晨撫過眼瞼的鮮嫩陽光，比如傍晚夕陽在天際塗抹的五彩晚霞，比如新鮮澄澈的空氣，比如叮咚作響的清泉，比如新生兒明亮純淨的雙眸，比如老人乾瘦失色卻慈愛不減的微笑……

他們曾經就這樣樸素簡單地出現在我們觸手可及的地方，是那樣的「現成」、平常、微不足道！我們便天經地義地接受他們、揮霍他們甚至漠視他們！可是，這種慣於挑剔、慣於驕縱的心事和做法是多麼的粗疏，多麼的貪婪，多麼的充滿罪過！

當我們趾高氣揚地認為，新鮮乾淨的空氣是現成的，霧霾橙燈已然跳亮，我們才記起肆意排汙的輕慢；當我們漫不經心地認為，清澈明淨的河水是現成的，黃浦江上竟漂起了死豬，我們才想起無節制排汙的不當；當我們淡然冷酷地認為，老人的笑臉是現成的，空巢老人孤死事件頻繁出現，我們才覺出「子欲養而親不待」的追悔莫及……

蘇子曾說：「惟江上之清風與山間之明月，耳得之而為聲，目遇之而成色」。這些「取之無盡」「用之有竭」的自然寶藏公平地屬於每一個人、每一種生物。《孔子家語》云：「往而不可追者，年也；去而不可見者，親也」。再常見、再豐富的「現成」也不會等於永恆！

那些以昏花的眼、蒙昧的心，空虛了生活、空洞了時光的人們，珍愛所謂的「現成」吧，在「現成」中覺出珍視與滿足，以一顆恭敬之心對待，才該是我們每個人人生的應有之義！

考場作文恰當地評說社會熱點是取得好成績的一條快捷方式。這個恰當，一是和原題適切，二是評說比較中肯。這兩者都考驗著學生的智慧和思考水準。本文提出的觀點應該說並不新鮮，論述的同學還比較多，但文章從評述熱點的角度切入，讓人耳目一新。作者將許多的社會熱點整合到一起，從自然環境的到社會人情的，從反面舉例到正面立論，作者有禮有節、不卑不亢，有很強的節奏感和很好的控制性，珍惜「現成」的緊迫性、必要性顯而易見，說理自然成功了。可見，多角度、多層次、有節制地評判是熱點分析要注意的。

劉正旭

清心寡欲，寧靜致遠
——名作家改行拍電影之我見

匡政煥

江蘇省贛榆高級中學二〇一三屆
喜歡廣泛閱讀，在節假日時，細雨濛濛的早晨，
泡上一杯綠茗，內心寧靜，心無旁騖，整個人便沉浸在書香、茶香之中。
現考入蘭州大學。

前不久，名作家郭敬明帶著自己的新作《小時代》現身各大娛樂節目，為自己首部導演的電影造勢，希望人們走進影院觀看這部青春偶像電影。人們對此眾說紛紜，褒貶不一。

作家拍電影，開風氣之先河，走娛樂明星路線是一件新鮮事，郭敬明確實是有著足夠大的勇氣。然而，不管電影品質如何，我並不贊同這一做法。無論如何，作為一位青春小說作家，對於電影拍攝還是有些陌生的。如果一味追求娛樂效應和經濟效益，放棄自己的本職工作，轉身拍電影，為提高上座率而頻頻參與各種娛樂節目，這就背離了作家的基本職業準則。

近年來走紅的郭敬明已經成了一位「作家明星」，在多年的作家暢銷書和財富排行榜上，人們都可以看到郭敬明的姓名。現在他的心更不「清」欲更不「寡」了，他要追求更大的名聲和利益。我認為作為一個商人，郭敬明算是成功的；但作為一個作家，郭敬明卻有許多路要走，其題材內容、風格特色、藝術手法都有多方面的提升空間。

作家跟風拍電影，究其原因，是作家人生價值理念的迷失，是浮躁的社會風氣導致的。因為當今社會，評價一個人成功的標準往往是名氣和財富，作家加入到追名逐利這一行列也就不足為奇了。

在社會上的人們看來，所有的價值都要「折現」。在此背景下。作家再也保持不住一顆平常心寧靜心，開始變得浮躁，變得功利，坐不住冷板凳，耐不住寂寞和貧窮；其文學創作的終極目標不再是認識功能和教育功能，而是如何吸引讀者眼球，如何提高作品銷售量。由此觀之，作家投身電影行業或者走穴等現象的出現只不過時代風氣的折射罷了。

我不禁想到以前的文人特別是大師級的文人，他們是耐得住寂寞和貧窮，坐得住冷板凳的。啟功先生最為典型，他在《卓錐》詩中用「片瓦遮天栽薛荔，方床容膝臥僬僥」來形容自己的住所；羅韜回憶上世紀八〇年代的讀書人：「懷念從前的學者，他們都不甘於當時，而別具幽憂之懷。在政治專制的時代，容易產生這種氣象，亦能產生大著。倒是市場專制的時代，學者『不甘於當時』的氣象少了，他們做『市場專制』之下的順民而甘之。近年暢銷書繁榮而傑作寥寥，學者的氣象與底蘊，也有所不及。」可見，只有守住自己的精神家園，不為時代所困，才能拓展作品影響的深廣度，更能增加作品流傳的長度。

娛樂明星是時代的產物，只能是各領風騷三兩年，誰也不會保持永遠的熱度，必然有退出舞臺的時刻。因此，作家應該守住自己的職業底線，少湊一些熱鬧，多體驗豐富多彩的社會生活，心無旁騖，專心創作，與時俱進，追求更為高遠的境界，創作出為廣大人民群眾所喜聞樂見的無愧於偉大時代的優秀作品，這才是一個作家的歷史使命，也只有這樣，作家才能有名氣：因為只有作品不朽，作家才會不朽，才會被世人記住。

本文思路清晰，結構完整——從一種文學現象談起，亮出自己的觀點，剖析作家拍電影的深層原因，對照老一代文人的做

法，指出創作的正確途徑；關注現實，題材新穎——文章不是無病呻吟，故作高深，而是連接「地氣」，有現實感，有針對性，說明作者讀寫層次較高、社會擔當意識較強；引用恰當，語言流暢——作者能將閱讀成果轉化為寫作能力，多處引用得體，和全文構成一體，如羅韜先生回憶、啟功先生詩句，一些文學評論術語更是不留痕跡，顯示出較好的作文素養。

王裕平

聽話

戴冰韻

江蘇省興化中學二〇一二屆
雖然我經常寫沈從文，但是喜歡的作家是錢鍾書。
讀書方面倒是沒有很喜歡的，《追風箏的人》、《瓦爾登湖》都挺不錯。
現就讀於南京大學。

認識一君，該君一向文采不俗，卻於分科之際，聽從父親的話，選擇了理科。填志願時，聽從老師，選擇本二類學校，從而本一的分數上了本二的校，如今高不成，低不就。每談往事，該君總是唏噓不已。

以愛為由，如此悲乎！

一董姓教授對學生說：「成功就是四十歲時身價四千萬」，並「警告」自己的研究生，「沒有達到這個標準的，不要來見我，也別說是我學生。」聽了此番話，從頭到腳都拔涼拔涼的。我想像中的真正的大學教育應該是幫助學生形成正確的世界觀和人生觀，而該董姓教授將他金錢至上的價值觀打包「販賣」給尚未踏上社會的學生，聽其話，不亦悲乎！

我們是九〇後，我們沒有發言權，故聽話；我們吃的米遠沒有年長者吃的鹽多，故聽話；人生閱歷少，為少走彎路，故聽話。溫室裡的花朵，聽從園丁的指揮，將自己開得燦爛無比，卻比不上風雨裡的小草讓人感動。好的教導，給我們的人生指明了一條正確的方向，少走彎路，讓我們低頭向他們認為最美好的地方快速奔跑，路旁的風景一閃而逝，小路上的荊棘從未遇到。沒有精彩，沒有充實，九〇後的空虛與孤獨導致了任性、善變、自私、非主流的一

代，罵聲四起，卻從未想過從九〇年代呱呱墜地的那張白紙，變成如今這般模樣，是誰之錯。

人性本善，長輩的教導從懵懂的孩童時期就開始了，一張白紙，對其點墨，最初的價值觀，由此形成。人的一生若有三分之一的時間在睡覺，那麼他的少年時期必有二分之一的時期在學校，於是老師的話，也對孩子有了潛移默化的影響。父母、老師的教導話語不敢不聽、不能不聽，但如何聽、怎樣聽卻是個問題！

長輩的話不一定全是好話，這要靠自己去辨別，取之精華，去之糟粕。但大部分的諄諄教導，卻還是要聽的，任性、叛逆不應該成為我們的標誌。

時代在改變，世界在進步，為什麼不在聽長輩話的同時，也讓長輩聽一聽你心中的話？單向教導已非主流，雙向傳遞才是方法。

成人的世界裡，總是不停地訴說著：現在的孩子真不聽話，你家的孩子很聽話，真乖。老師們也在不停地交流著：現在的學生真不聽話，哪個班的學生聽話，課很好上。本文從現象入筆，從家長到教師，以生活中的典型案例來闡述自己的理解，著重分析了「我們」聽話的各種原因，並且告訴人們應該怎樣去聽話，文末提出了自己的思考，「也讓長輩聽一聽你心中的話，單向教導已非主流，雙向傳遞才是方法」，不僅提出問題，還能提出不錯的解決問題的方法，很有見地。

唐振海

把握四「度」，打造時評佳作

江蘇省新海高級中學 管開兵

（江蘇省中學語文高級教師，江蘇省中學語文優質課賽課二等獎獲得者）

　　「時評」，即針對時事的評論。筆者以為在高考作文中包含兩個類型，一類是把時評作為論據，佐證自己的觀點。另一類是高考作文試題，如二〇〇八年高考全國卷 I 的「汶川大地震」材料作文，二〇〇九年高考江西卷的「獸首拍賣」材料作文、遼寧卷的「名人代言」材料作文，二〇一〇年高考全國卷 II 的「淺閱讀」材料作文、江蘇卷的「綠色生活」命題作文，二〇一一年高考全國卷的「最誠信的彩票店業主」材料作文、新課標卷的「中國崛起」材料作文、北京卷的「鹿特丹世乒賽後的討論」材料作文，二〇一三年的廣西卷「丟了手機之後」材料作文、廣東卷「慈善」材料作文等，這些都是緊扣時代脈搏、直擊時事熱點的「時評」類試題。這類作文選用社會關注的熱點話題作為題目材料，具有較強的針對性、時效性、說理性。解讀新課標和二〇一二全國高考考綱，會發現本命題特點是符合新課改理念，具有較強的時代性。它意在引導學生關注時代，聚焦熱點，不再一心套作「聖賢書」，擺脫「為賦新詞強說愁」式的無病呻吟。同時考查學生的是非觀、辯證思維，要求學生透過現象看本質，客觀理性地看待問題。無論是哪一類時評運用，我們都要把握好四個度，方能打造高分作文。

一、角度，讓觀點更新穎

　　如果你想高考作文取得好成績，關心社會熱點是很有實效的一招。而有了時事熱點材料了，還要主要運用的角度。角度是把你的材料與文章主旨連繫起來的紐帶。有人說，只要你對時事或人物瞭解夠多，選擇好恰當的角度，那麼任何材料都可以作為論據使用。這話雖然誇張，但有一定的道理。因為高考作文表面上考查的是寫作能力，但它客觀地反映著考生的境界、心胸與眼光。高考作文「關注社會、關注生活」的命題原則，會為胸懷生活、放眼世界的學子留下展示思想與才華的足夠空間，而各式各樣新穎的觀點也將爭奇鬥豔。

　　慈善還需以適應受者的心理的方式施行。亞聖孟子有云：「嗟爾而與之，乞人不屑也。陳游標的高調慈善自然是不提倡的，只因更讓人覺得像站在道德高峰，進行居高臨下的施捨。不談流於形式之嫌，此舉更像在用受者的自尊心往自己臉上貼金。生前曾被媒體批評「一毛不拔」的史蒂夫・約伯斯，去世後被發現賬上曾有一筆對斯坦福大學的高達二十五億美元的巨額捐款，而且是匿名的。我想，流浪漢對玉米、燒餅之需要，應當更甚於也更樂於對五毛、一元之需要。

　　——二〇一三 廣東高考滿分作文〈慈善需行之有道〉

　　約伯斯、陳游標都屬於熱點人物，在一般人看來，二者很難有連繫，而作者獨具慧眼，恰當地選擇角度，用慈善把二者連繫起來，用低調慈善與高調慈善去表達作者的褒貶態度，角度獨特，觀點新穎。

也許你只付出了一分，但社會可能受益萬分。還記得去年夏天北京那場特大暴雨嗎？災情在播報著，但溫情也在上演著。一夥從河北農村趕來的人們救助災民，置個人安危而不顧的行為受到大家的讚賞。殊不知，他們都是當年唐山大地震的獲救者，是眾人的無私奉獻讓他們擁有了繼續生存的物資和信心。而現在，不忘回報的他們來幫助另一批人獲得新生。愛與正能量的流動頂托著社會，站立、前進。我們也忘不了那最美麗的鄉村教師——伍玉錫，身患胃癌十多年，胃被切除了四分之三的他這麼多年來從沒落下一節課，從沒少批改一次作業。是社會人士和學生以及學生家長的關懷，幫助他支撐在講臺邊。這種雙向流動的愛比金子更寶貴、更堅硬。

——二〇一三廣東高考優秀作文〈讓愛雙向流動〉

災情之中見溫情，角度彷彿並不新穎，而選擇的救災者是河北唐山大地震的獲救者，去論證愛雙向流動的觀點，就顯得角度獨特了。最美鄉村教師奉獻之美是所有考生都能想到的，而作者另闢蹊徑，從奉獻的源頭談起，正因受到了社會的關愛，才更努力地付出愛。文章因為角度之巧，讓整個文章的觀點都閃亮起來，新穎起來了。

二、高度，讓立意更脫俗

高屋建瓴是好時評的第一要務。它要求評論者眼光要高遠，格調要高尚，能夠站在國家、民族、社會乃至人類進步的高度來談論時事，站在時代與文化潮流的風向標上指點江山，立意脫俗。

1. 眼光要高遠

二〇〇四年六月六日是諾曼地登陸六十周年的紀念日，法國政府舉

行了隆重的紀念儀式。總統希拉克不僅邀請了美國總統布希、英國首相布雷爾等盟國領導人，還邀請了戰時敵對國家——德國的總理施羅德。當晚，電視臺播放了這一消息。第二天六月七日，就是語文高考日。當年北京作文題目是「包容」，當許多考生大寫特寫「公共汽車擠需要包容」、「同學相處需要包容」的時候，一位考生從前日的新聞報導寫起，表達了世界發展需要包容的思想。他所站的人類進步的歷史高度理所當然地博得了作文滿分。

2. 格調須高尚

蔡先生的這一行為無疑是一種愛國精神的體現。近幾年來，在一些愛國人士與企業的傾囊相助下，圓明園文物中的牛首、猴首、虎首、豬首、馬首陸續「回家」。兔首、鼠首也需要用大量資金贖買回來嗎？蔡先生是一位民間人士，但他說不。蔡先生本著一個中國人的責任心、愛國心，代表所有愛國的中國人喊出了聲音，其情可感，其義可嘉。

——二〇〇九 江西高考優秀作文〈為蔡先生鼓掌〉

我們且不論蔡銘超拍而拒付的行為究竟為何，有人說他違法亂紀，有人說他為自己做免費廣告，而這樣的論調如果在高考作文中，未免顯得格調低俗。作者把他的行為闡釋為「一個中國人的責任心、愛國心」，感情真摯，氣勢充沛，顯得格調高尚，輕易地博得閱卷老師的好感，畢竟高考作文是需要傳遞正能量的。

三、深度，讓論證更理性

「正在發生的歷史，新聞背後的新聞。」這是中央電視臺《新聞調查》

欄目的宣傳語，意思就是要深入挖掘新聞產生的深層原因，追本溯源。而時評類文章也要求評論者能夠「透過現象看本質」，或透過人物的行為挖掘他的道德、靈魂層面。要求評論者「入木三分」地評價時事，探究其時代、歷史的深層因素。

戰國時代的「細腰」文化是明星代言現象的淵源。楚靈王喜歡纖細的「楊柳小蠻腰」，於是無論朝中大臣、後宮佳麗，還是平民百姓，皆勒緊褲帶減肥，不惜一切代價來博取君王的歡心，這種扭曲的價值觀就可稱之為「細腰」文化。

前不久出現的很多明星代言虛假廣告現象，究其本質是「細腰」文化的延續。基於明星代言有助於帶來經濟效益，很多商家不惜花天價找當紅明星為其產品大唱讚歌，消費者受從眾心理的影響擴大消費量，商家賺了個盆滿缽滿，大把鈔票收入明星囊中，看似取得了雙贏，但很多明星對代言的產品知之甚少，甚至只認錢不認產品，在這樣的情況下，諸多的「細腰」悲劇就順理成章地發生了。

　　——二〇〇九 遼寧高考優秀作文
　　〈明星代言：「細腰」文化的復活〉

「明星代言」是當今極其普遍的現象，而這種現象背後，有著怎樣的歷史淵藪，卻很少有考生想到去追尋探究。作者上溯幾千年，指出它是「『細腰』文化的延續」這一本質，深入揭示「悲劇就順理成章地發生」的原因，鞭辟入裡，深刻警人。

四、廣度，讓內容更飽滿

一篇時評佳作，除了要有角度、深度、高度之外，還要有一定的廣

度，即豐富的材料，因為「旁徵博引」應該說是論說文的一大特點。廣度使文章材料豐富，具有可讀性；又使文章論證充分，充滿說服力；還能使文章內容飽滿，立意昇華。

好個「友邦人士」！日本帝國主義的兵隊強佔遼吉，炮轟機關，他們不驚詫；阻斷鐵路，追炸客車，捕禁官吏，槍斃人民，他們不驚詫；中國國民黨治下的連年內戰，空前水災，賣兒救窮，砍頭示眾，秘密殺戮，電刑逼供，他們也不驚詫。在學生的請願中，有一點紛擾，他們就驚詫了。

——魯迅《「友邦驚詫」論》

魯迅由學生請願引起的「友邦驚詫」談起，旁徵博引地列舉了日本帝國主義與國民黨政府犯下的滔天罪行，沒有引起「友邦人士」的驚詫，小小的請願卻讓他們驚詫。

這段文字的突出之處在於列舉的廣度，正是因為廣度，才全面地反映日本帝國主義犯下的罪行，對「友邦人士」的所謂驚詫進行了有力的駁斥。使文章顯得材料豐富，厚實而不單薄。既能讓人產生豐富的聯想，又能讓人深思並產生認同感，讓人認清「友邦人士」的險惡嘴臉。

總之，時評類文章作為高考作文的一個重要類型，越來越頻繁地走進考生的視野，引導著考生去關注生活，關注社會，瞭解事實，理性思考。無論時代如何變化，熱點如何轉換，注重時評的角度、高度、深度、廣度，都將是打造時評佳作的重要方面。

老海棠的堅守

劉岳

江蘇省海州高級中學二〇一三屆

一個陽光、上進的理科男，喜歡籃球、游泳，喜歡音樂、剪輯，

也喜歡思考生活萬象，並在文學的天空裡放飛想像。

曾獲江蘇省「高考杯」作文大賽一等獎。現考入西北農林科技大學。

「咦，這老海棠樹怎麼了，爺爺？」我詫異地問。

今天是清明，如往年一樣，我和爺爺、爸爸都要一起去為老太祖圓墳。這雖是個帶著傷感色調的節日，但在我的印象中卻有一絲亮色的春意：老太祖的墳旁有一棵粗壯的老海棠，每到清明，便有「淡淡微紅色不深，依依偏得似春心」的壯麗景觀。

可當我今天滿懷期待地看望這位報春使者時，既不見「枝間新綠一重重」，也不見「小蕾深藏數點紅」，老海棠竟然連春芽都未吐。

「死了，唉！」爺爺歎息著。

「好端端的，怎麼就死了？」我追問。

「唉，村裡那幾人可真讓豬油蒙了心！有人出一萬塊錢買這棵樹，他們竟敢挖了賣。可誰知道，這海棠根子都叫他們刨出來了，可叫來的一輛大吊車愣是沒把樹拉起來，最後那吊繩突然斷了，那幾個人還被砸斷了腿。」爺爺面露憂色，深深地望著那海棠說：「多好的樹啊，你老太祖小時候就有了這棵樹，樹老根深，遮陽擋風，現在叫他們給毀了，作孽啊！」

我心痛地走到老海棠前，傷心地撫摸著這黝黑的樹幹。抬頭望去，雖無應節的紛紛細雨，可濃滾滾的陰霾卻將樹枝壓得越發低

沉。我在想：這老海棠真乃錚錚鐵漢，能夠於此境況下悍然無懼，執著地堅守原地，絕不苟且，用生命維護先祖的安息之地，用尊嚴嚇退那幫貪財的村民。我似乎看見鐵鍬挖得它傷痕累累，吊車扯得它命懸一線，可它咬牙立定，紮地三尺，憑著堅定的信念贏得了這場正義之戰。縱然慘勝，但它震懾了那幾個財奴，吊車也奈何不了這威武的衛士。雖故園今日海棠未開，但它用堅定的信念捍衛了衛士的職責與道義，如同它紮下的深根，永遠與大地同在。

在物欲橫流、利慾薰心的時代，能如老海棠般勇敢、從容地面對強權、決不妥協的人有多少？能如老海棠般處變不驚、從容應對艱難時世的人有多少？能如老海棠般淡然、謙和地默默守護、奉獻職責的人有多少？當經濟發展越來越快，精神世界卻愈顯蒼白，我們是不是該稍稍停下飛奔的腳步，等一等國民的靈魂，等一等國民的道德，等一等國民的良知？讓每一棵草、每一棵樹、每一個生命都有尊嚴？我們是不是該堅持底線、堅守道義，不讓海棠哭泣，不讓列車脫軌，不讓橋樑坍塌，不讓鮮活的生命喪生被鎖閉通道的火場？

「咦，爺爺，快看，這老海棠的根上長了新芽！」我驚喜地叫起來。真的，灰褐色的根底冒出了三棵充滿生機的新芽。

自今意思和誰說，一片春心付海棠。

文章反映了現代文明對自然與傳統文化的衝擊，帶有深刻的批判性。作者對現代社會的「物欲橫流、利慾薰心」悲憤不已，對老海棠的不幸遭遇深感痛心。文章結尾處：「快看，這老海棠的根上長了新芽！」這一抹亮色使讀者心中又燃起了一絲希望，也體現了作者對未來充滿信心。敘事生動流暢，說理簡明扼要且包含感情。

用擬人化的手法來寫老海棠，既讓文章顯得生動，也體現作者
對老海棠深深的喜愛之情。文章對老海棠的描繪多處化用古典
詩詞，使文章充溢著文化的氣息。

郁紅劍

有味

萬昊

江蘇省贛榆高級中學二〇一三屆

一個走在成長路上的少年。愛籃球，也愛音樂；愛看書，也愛寫字。

我堅信青春需要熱血，我堅守我的信仰——有夢，多遠都不會累。現考入東南大學。

　　總感覺現代生活的味道有些烈，刺激我們精神維度的味蕾，使之鈍化，麻木。品生活滋味，似是前人遺物：高高供起，燒香送蠟，卻只是觀望。

　　但我相信，生活必是有其滋味的。一如汪涵在《有味》中提到的閃閃發光的記憶，以及和時間交談的寧靜；提到的在現代生活中固執地保持時間感的小城，以及裡面沒有鐘錶卻會準時飄香的豆腐作坊……汪涵用這些在沉靜中永恆的美好告訴我們，既是味，便要品，才能領略箇中滋味。

　　可現代「快」字當頭的社會讓生活的滋味變得尖銳無比，奇酸奇甜奇苦奇辣，如針般簪插著我們的味蕾，少有人停下來去慢品生活的味道，像許多人吃飯一樣，腹飽之後，少有人在意唇齒間留戀的香味。記得米沃什在《禮物》中這樣寫道：如此幸福的一天／霧一早就散了／我在花園裡幹活。像詩人那樣用心去生活，必是可以花香常伴的吧。所以我說，若要品，須有心，用心找到生活的香甜，以及這香甜的源頭。

　　可源頭何在？

　　竊以為，最懂茶葉清香的必是那在晨霧中繞步茶園的採茶人，最知麥稻甘美的必是每天面朝黃土背朝天的莊稼人，最愛玫瑰芬芳

的也必是那小心翼翼澆著水的花匠……每天把汗水滴進土壤，滴進每一株作物，一如血脈相承，他們用勞作讓自己的味蕾那麼敏感，敏感得可以嘗出每粒米中的陽光與風雨。不難知道，香甜的源頭，便是苦澀的汗水。

由此想到了天路上的朝聖者。雙手合十，口念佛語，用胸脯貼著大地的溫暖，跪拜，前行，肅穆刻在臉上，虔誠寫在心裡，泥濘或是烈日，沙漠或是草原，生死都不顧，這些又算什麼？終於那一天，他們到達了他們心中的天堂，梵音陣陣，佛香繚繞，那一刻的甜，無與倫比。一如《可哥西裡》所記述：他們的臉和手是黑的，可他們的心是純淨的。讓我們捫心自問吧，我們是否日日夜夜在為每天的工作而丟掉了最初的單純呢？看到這個句子我頓悟，生活本就單純，它的味道也必如此——大苦之後，必有極甜；若求極甜，請先大苦。

無味嗎？我想並非是碗中的米不夠香甜，而是額頭的汗珠不夠細密吧。

對於生活的味道，作者洋洋灑灑，自自然然，從汪涵與時間寧靜的交談、準時飄香的豆腐磨坊，到米沃什的《禮物》；從繞步茶園的採茶人、最知麥稻香的莊稼人到手和臉是黑的而心是純淨的的天路上的朝聖者，他將我們帶進了一個文化的大磨坊，讓我們清晰地感悟到了「生活的滋味並非米不夠香，而是額頭的汗珠不夠細密」這一樸素而深刻的生活哲理。

正如作者，堅信青春需要熱血，堅守信仰——有夢，多遠都不會累。作者將生活的滋味研磨，飽蘸文化的墨汁，浸潤心靈的雞湯，給我們以啟迪，給我們以激勵！

馬繼光

使用規範漢語，繼承民族瑰寶

陸穎瑤

江蘇省如皋中學二〇一一屆
出身雉水，求學滬上。通三國語，能兩地書。
邇來文章漸廢，讀書無非集史；舊年志願曾記，餘事可作詩人。
雖然學問不精，但願以學問為事業。現就讀於復旦大學。

　　當火星文鋪天蓋地席捲網路，當各種生僻漢字紛至遝來，我們也許會面對聊天視窗裡奇形怪狀的文字或符號會心一笑。但是，當並不規範的網路用語登堂入室，頻繁出現在學生作文中時，我們就應當及時反省並為氾濫的網路語言踩下車了：因為，使用規範漢語漢字，繼承這一中華民族文化瑰寶，才是我們應有的素質和追求。

　　漢字作為中華文化的重要載體，是我們的民族文化、民族精神薪火相傳的珍貴見證。它承載了中華民族的無數生死聚散、離合悲歡，它是始終奔湧在民族血脈裡的低沉而又昂揚的音符。從遠古時期的甲骨文，直到今天的規範簡化漢字，源遠流長且不曾間斷的演變過程中，漢字與中華民族一道經歷了連天烽火與太平盛世，它與民族世代相傳的記憶同在。使用規範的語言文字，正是我們探尋民族根源、追溯民族情感的重要途徑。在規範使用、書寫之中，我們感受著漢字之美，也在小心翼翼地諦聽先人的呼喚，觸摸民族的心跳。

　　使用規範漢字，不僅是個人瞭解、學習民族文化的需要，更是時代和社會對青年一代提出的殷切期望。這是繼承民族文化的重要組成部分，也是創新民族文化、弘揚民族精神的前提條件。某種意義上，網路語言也可算是對漢語的創新，但這種一味標新立異、忽

視漢字傳統的「時尚」，畢竟不符合時代潮流，終究會被無情淘汰。只有深入學習、自覺使用規範的漢語詞句，才是對漢字這一民族瑰寶的最有效繼承；也只有在此基礎上，我們才能為傳統文化注入新時代的活力。

當今世界，各國都掀起了學習漢語的風潮。每當在電視上看到金髮碧眼的老外一筆一畫認真書寫漢字時，我們不由心生感動與敬佩。同時，我們也應該認識到，只有對母語保持敬畏與熱愛，使用規範漢字，才能更好地推動中華文化走向世界，用中華兒女的熱血與自豪，向全世界宣告漢字那歷久彌新的動人美麗。

作為中華文化的傳承者，我們有責任、也有義務繼承傳統文化並將其發揚光大。那麼，讓我們一起抵制日漸氾濫的網路語言，使用規範漢字，繼承民族瑰寶！

隨著電腦的普及和網路的運用，網路用語不斷出現。對此，我們應該如何看待？是贊成還是反對抑或是辯證看待？小作者站在繼承民族文化傳統的高度，分析了對網路語言說「不」的原因：首先從歷史的角度闡明「漢字作為中華文化的重要載體，是我們的民族文化、民族精神薪火相傳的珍貴見證」，接著從時代、社會的角度指出使用規範漢字「是繼承民族文化的重要組成部分，也是創新民族文化、弘揚民族精神的前提條件」，令人信服。文中很多詞語、句子的運用體現了語言縝密的特點，如「也許」、「某種意義上」、「不僅……更是……」、「只有……才是……；也只有……才能……」等等，這就使得文章具有較強的思辨性。

郭祥聖

那陣風吹過

羅靜

江蘇省灌南高級中學二〇一三屆
喜歡微笑，文靜內斂，是老師心目中的標準「放心女孩」。
現考入江南大學。

一輛汽車疾馳而過，引起一陣風，隨之而來的是一陣陣灰塵。路過的行人不禁大罵一句：「不能開慢一點呀！誰家蓋房子，弄得到處是水泥石灰。」不是一家蓋房子，而是那個地方的人家都在蓋房子，就形成了「蓋房風」。誰叫要拆遷呢？

清晨起床後，本想呼吸一下新鮮空氣，可誰想迎鼻而來的卻是水泥黃沙的味道。忿忿地關上窗戶，推著剛買的「小鳥」電動車想去炫一下，可誰想，還沒穿過那條路，「小鳥」的羽毛就髒了，再加上頭髮上全是塵土，像霜下在上面一樣，只好主意作廢，打道回府。

回到家，只聽老媽和幾個家庭主婦磨嘰什麼。我想大概又是在比誰家的兒子閨女哪個成績好吧。靠近一聽，原來不是，她在向人家取經。

「你上次是在橋東還是在橋西買的沙子？還有水泥在哪買的？哪的更好？」

「好？你又不是想蓋著住人的，只是為了拆遷罷了，哪便宜哪買！」

「好的。」我媽肯定地點了點頭，並表示贊同。

可曾想，第二天，她的沙子還沒買來，他人的房子就受到了舉報，全被推倒了。

上面派來了大批的大型推土機，將違規建造的房子全部推到。連續幾天，附近都彌漫了更嗆人的水泥石灰味。

大部隊走後，鄰家差點要瘋了，當天上午罵遍了所有能罵的話來罵那個舉報的人。渴了喝點水再罵，啞了，吃個「金嗓子」再罵。下午，把話重複了一遍又一遍。好不容易，夜深了才停止。

一輛汽車疾馳而過，仍引起一陣風，只不過是更厚的灰塵而已。一群人恰好過去，還是一陣罵，只不過是「誰家蓋房子」變成了「怎麼到處拆房子」。

「建房風」吹過，隨之而來的是「拆房風」。兩者給我們帶來了什麼，除了灰塵，厚厚的灰塵，其餘還有什麼，還有被拆者悔不盡當初的心情。

那陣風吹過，留給人們無限的反思：老百姓為何要貪上那點小便宜呢？最重要的是老百姓為何明明知道房子要被拆，仍樂此不疲地繼續建房？政府對我們這個經濟不發達的地方採取了哪些措施使百姓富起來？

如果真的富了，老百姓還會貪這個便宜嗎？！

關心生活，關注社會，並不是成年人的特權。從這篇文章可以看出，在作者的心中，不僅裝盛著書本和學校，更多的是不盡的關注社會的心事。「建房風」吹過，隨之而來的是「拆房風」，本文能透過現象揭示本質，尤其是文章最後「老百姓為何要貪上那點小便宜呢？最重要的是老百姓為何明明知道房子要被拆，仍樂此不疲地繼續建房？政府對我們這個經濟不發達的地方採取了哪些措施使百姓富起來？」的議論，體現了作者對社會生活的思考和反思，畫龍點睛。

徐虹

CHAPTER **06**

睿思哲理

好作文要體現睿思富含哲理

江蘇省新海高級中學 李濤

（二〇一三年江蘇高考命題組成員、連雲港市高中語文基本功大賽一等獎獲得者）

　　作文如做人，文章的思想往往受到人的思想的制約。不管是考場作文，還是隨筆類文章，都能看出學生生活積累的厚度、思維的清晰度、表達的條理度和思想的深刻度。當然，如果想要一篇文章寫得深刻，寫得有味道，寫得切中肯綮、直指要害，寫得讓人心靈受到震撼，甚至心有戚戚焉，就必須要使文章能體現出作者的睿思，讓文章富有哲理的思考。所謂睿思，就要求作者能看得深遠，有深刻的思考、思想與見解；所謂哲理，就是能從物上看到人事，能從自然反觀人生，能夠揭示宇宙和人生的原理，正如人在松竹梅上賦予的生命，從四季更替看到人世的興衰。

　　那麼，要使作文能做到體現睿思，富含哲理，一般需要從以下四個方面入手。

一、關注生活，積澱思想

　　生活是思想的源泉，我們必須學會做生活的有心人，關注生活中的熱點問題，關注社會上的熱點事件，並形成自己獨到的思考和看法。在思考時，如果能夠上升到哲學的高度，充分考慮到主觀與客觀、理論與

實踐、量變與質變、必然與偶然、一般與特殊、現象與本質、外因與內因、內容與形式、主要矛盾與次要矛盾等等，自然更會增加文章的厚度。當然，對日常生活進行思考，並不是講所有的東西都要思考，而是指將一些自己感興趣的、比較重要的事件去梳理思考，進而形成理性的認識，積澱為自己獨特的思想。如果能將自己日常的思考作為寫作的素材儲存起來，等到寫作的時候就容易得心應手，信手拈來，寫出富有哲理的文章。

如二〇一三年江蘇高考優秀作文〈尋〉的最後幾段：

羅馬人明顯比咱們看得開，那些古時的遺跡，就在城內：柱子倒了，沒有人去扶；雜草叢生，也沒有人清理。

國內去的遊客，紛紛覺得羅馬政府不重視全人類的遺產。而在羅馬人看來，這些遺跡本身就不應該過多干預，它所見證的是時代也是歲月，過多的干預只會加速它的死亡！

對比羅馬政府的舉措，再想想我們的「維修性拆除」，是不是過於做作了？

無論精神文化還是物質文化，都如同一隻隻美麗的蝴蝶，我們越是想要「保護」她們，她們就越會遠離。

如今她們已經被驅趕到了山洞的深處，難道我們還應當燃起一大把蠟燭，再去尋找？

啊，還是讓她們融化在歷史裡，靜靜地美下去吧……

作者直接將羅馬對待遺跡的態度和我們進行對比，直擊社會上的熱點問題：對待文化遺產進行的所謂「維修性拆除」的做法。很明顯作者對這一問題有著深入的思考，形成了自己的獨特的觀點，故而在作文時作者能靈活機智地從「探險者的止步」出發，反向立意，進而表達自己

的思想：「我們的『維修性拆除』，是不是過於做作了？」而應該「讓她們融化在歷史裡，靜靜地美下去吧⋯⋯」這樣的文章，有見識，有思想，有內涵。只要學生平常多關注生活，積澱自己的思想感悟，形成生活的蓄水高地。再加上思想的醞釀發酵，這樣，等到寫作文的時候就有可能高屋建瓴，寫出有思想深度的文章。

二、搭橋接榫，定位視角

何永康說：「議論文要有好『由頭』，記敘文要有好『口子』。」就是指作文要有一個好的切入點，要能夠從一點聯繫遷移到自己所要表達的獨特思想，搭橋接榫，從而對自己的寫作視角進行準確定位。這樣既能展現作者的獨特智慧，又能反映出作者認識的深度，顯示出作者不一樣的眼光。如對於「落花」這樣的多見之物，常人看到的是衰殘腐朽，進而暗自嗟傷，但是辛棄疾見之而生出「惜春常怕花開早，更何況落紅無數」的慨歎，龔自珍卻從落花與來年新花的關係上發掘出其哲學意義，即「無用」與「有用」在一定條件下可以相互轉化，從而獨具匠心地吟出「落紅不是無情物，化作春泥更護花」的千古名句，令人感奮。不同的人，不同的生活閱歷決定著不同的思維視角。我們要想方設法找到屬於我們自己的獨特的寫作視角，寫別人所未寫，發別人所未發，這樣才能展現出我們思維的智慧。

如二〇一三年江蘇高考優秀作文〈行禮，為了遠方的美〉中的兩段：

然而很多人是不懂得美的，甚至出於愛美之心摧殘了它。不必說蝴蝶被製成標本而枯萎，鳥鳴在籠中暗啞，就是一些心懷善念的人，也會在無意中釀成悲劇。林清玄的《放生鳥》裡，鳥與龜被一

捕再捕，一隻龜的甲殼上刻滿了放生者的名字。彷彿一個悖論，愛造成的傷害觸目驚心。

　　為什麼我們會陷入這反覆傷害的輪回？只因走得太近，抓得太緊，不懂得保持一段距離。

　　這篇文章之所以能在江蘇近五十萬考生的作文中脫穎而出，很大程度上是因為小作者由蝴蝶的逃離連結到了「愛造成的害」這一獨特的視角。並對「一些心懷善念的人，也會在無意中釀成悲劇」的現狀，進行窮原竟委的思考，發現了一個悖論：「愛造成的傷害觸目驚心。」更可貴的是，作者還由此進一步探究其內在的規律，發出了哲學的喟歎：「只因走得太近，抓得太緊，不懂得保持一段距離。」這樣搭橋接榫，巧妙連接，就使文章挖掘得更為深刻，富有哲理，充滿思辨色彩，顯示了作者深刻的思考和理性的智慧，自然也很容易獲得閱卷老師的青睞，取得較高的分數。

三、窮原竟委，透視本質

　　好的作文大多能透過表面現象看到事物的內核，發掘出事物的本質。世界上任何事物都有其內在的規律，都存在一定的因果聯繫，有前因後果，有因果轉化，有一果多因，有一因多果。寫作時要能透過表像，要能在常見的觀點或常談的說法上再進一層，窮原竟委，撥雲見日，發現並揭示事物本質的內部規律。只有深入挖掘，透視到事物的本質，才能使自己的見解「高深」起來，才更容易展示自己的睿思智慧。要做到深入挖掘，需要凡事往高處站一站，往深裡想一想，進行由表及裡、由淺及深、由近及遠、由點及面、由實到虛、由小到大、由此及彼式的思考。將話題向縱深開掘，探索說理的內核。正如魯迅先生所說：

「選材要嚴，開掘要深，忌淺嘗輒止。」當然，這需要我們經常進行這方面的訓練，深入認識自己身邊的人、事、物，在認識中突破思維定勢，從中發現新問題，提出新觀點，獲得新的感受，進而寫出有思想深度的文章。

如二〇一二年江蘇高考優秀作文〈拒絕「平庸之惡」〉中的兩段：

美國作家阿法特曾提出一個概念：群氓。這個詞，是指普通大眾集體無意識地作惡卻絲毫不覺愧疚。必然的，這種行為不僅使家國蒙受損失，更會麻痺人們的心靈，須知，此詞在中國是頗為適用的。無論是高速公路上貨車翻車引來成百農民哄搶柑橘，還是許多居民每人拿走一塊磚致使雷峰塔的倒塌，抑或是大家再熟悉不過的「中國式過馬路」，無一不是「群氓」品行的體現。

似乎自古以來人們就有這樣的印象：官是惡的、貪婪的，而民是善的、無辜的。這種想法，顯然有點不全面。當個人被裹挾在群體之中時，他便會認為跟隨眾人所做之事無可非議，甚至不會意識到自己正在作惡，這是多麼可怕又可悲的事情！而「法不責眾」的觀念，更成了助長這種「平庸之惡」的藉口。

小作者針對幾個探險者的無心之惡深入挖掘，透視了社會上「群氓」現象，指出其本質是「群氓」式的「平庸之惡」。不僅如此，作者還進一步指出這種意識不到自己的作惡是更為可怕又可悲的事情。發人驚醒，引人深思，讓讀者不得不讚歎小作者的睿思智慧。

四、借助技法，彰顯內蘊

好風憑藉力。好的文章總要講究一定的方法，如果要彰顯出思想的

內蘊深刻，富有哲理的高度，就更需要借助一定的技巧。我們在揭示主旨時力求逐層深入，就像剝筍一樣一層一層地剝，直至最後「吹盡黃沙始到金」，才顯露文章主旨，行文過程就是逐層凸顯主旨的過程。比如在安排文章的結構時，可以考慮逐層深入，由表及裡。如二〇〇七年江蘇高考滿分作文〈沒有了妖魔的取經之路〉一文，考生通過「患難見真情」、「出門長見識」、「征程即真經」三個分論點，層層推進，指出「沒有妖魔的取經之路，是一條南轅北轍的路」的獨到觀點，令人拍案叫絕！

我們還可以用典型事例說話，進行辯證分析，增強論辯力量。如上文〈拒絕「平庸之惡」〉的選段，小作者選擇的「高速路上瘋搶柑橘」、「中國式過馬路」等都是非常典型的事例。作者對這些典型問題進行辯證分析，形成自己的思想認識，並且敏銳地提煉出這是「群氓」的品行，表達了拒絕平庸之惡的觀點。要求我們在對典型事例進行分析時，能從多角度或者獨特角度入手，發現別人看不到的意義和價值。

另外，如果我們能積累一些名言警句，善用短句，就能增添文章的理性色彩。如二〇一三年江蘇高考優秀作文〈靜靜呵護一朵花開〉一文中引用安東尼繪本中的一句話：「我們討厭一朵花時，把她摘下來，喜歡一朵花時，也把她摘下來。」寥寥數語，簡單直白，卻讓人頓悟，引人遐思。如果我們能善於運用一些簡短的名言警句作為點睛之筆，以這些富有哲理性的語句時時點題、處處著旨，彰顯意蘊，能發人深思，啟人心智，使文章綻放理性的光輝。

品味時尚

葉蓁

江蘇省東台中學二〇〇九屆
我一直相信，文字可以給人重獲新生的力量。
有很多時候，抓起筆寫文章時總能感到筆頭有著源源不斷的力量，
要說的話要表達的感情迫不及待地湧出。現就讀於南京師範大學。

　　去年的現在，我在上海黃浦江，禁不起旅遊宣傳手冊上「江楓漁火對愁眠」的誘惑，爬上了一葉扁舟。

　　「現在最流行這個了」漂亮的導遊說，「大城市裡就興這個，復古嘛。」搖搖晃晃的小船上覆蓋著一頂編織的棚，遊人就坐在裡面。棚裡貼著一張打印紙：三十分鐘五十元。導遊見我盯著紙看，不無得意地說：「我們的團員只要三十塊錢，一分鐘才一塊錢。你看這意蘊。」

　　意蘊，船頭的老人在搖槳，沉默地重複這急切的動作，我走過去也不回頭來看一眼。而走進時才發現，老人的白汗衫上露出的標籤赫然寫著：Made in China。原準備與老人搭訕的，也只好悻悻地回到船艙。

　　船繼續在江面上晃蕩，隔著晨霧依舊能看到這繁華的上海。高樓屹立在霧間，消失在雲尖，好像在得意地訴說什麼。而不遠處駛來一坐不大的輪船，飛快地開遠，只留下一道巨大的水痕，讓我們的小船顛得更厲害。

　　而這所謂的「復古時尚」，在這繁華的城市面前，卑微得一如這搖槳的老人，一言不發，格格不入。

　　從上海回來，又到媽媽的老家逗留了幾天。那是個沿海的小城

鎮，混濁的黃海打小鎮邊起伏，卻承載了整個小鎮的一切衣食住行。

我來到海邊的時候是傍晚，潮水不安地咕咕冒泡。恰好媽媽遇到她的舅爺爺，便叫我爬到他的船裡玩一會兒。這是隻極老的木船，船沿高高地圍著船膛。舅爺爺和我一併爬進來，讓我坐在小凳上。船裡有一張綠色粗繩編織的網，也許是在海水裡泡久了的緣故，已經快成黑色了，但仍散發出陣陣腥味，魚鱗也黏在上面。「待明天再熱些就禁捕了，那時候就不能下海啦。」舅爺爺說。

老人的兒子也來了，他是在海上開快艇的。十塊錢坐一次的快艇可以讓你在海上飛快地打旋，驚險卻有趣。這是這個小鎮上最有趣的遊戲。白天很多漁民的孩子會花上十塊錢在海上刺激一把。老人力勸我也坐一回，說不會收我的錢，我卻因恐懼不敢一試。這小鎮上的「時尚」，是那麼的驚險，弄不好就會翻船。他們沒有更多的錢來構建更安全的遊戲，只能在這海上嬉鬧一回。老人也很無奈：「這有什麼辦法，開這玩意兒來錢啊！」不一會兒又有人來乘快艇。看著快艇離我們的老木船越來越遠，開始不停地急轉彎而激起一陣陣白浪，又想起上海那「復古的時尚」，不知為什麼，心裡湧上一陣無名的酸澀。

而這兩種時尚下，又有著怎樣的我所看不見的落差？

此文乃以「心」寫者。從「世相」之下，審視「人心」，從「意蘊」中窺見「真相」，作者始終投入了自己的「真情」、「真意」乃至「真魂」。「扁舟」與「快艇」，都市與漁村的「時尚」之間，存在的是何種「落差」？作者似乎沒有說什麼，似乎什麼都說了……

何永康

留一點空間

何晨瑄

江蘇省新海高級中學二〇一二屆

穩重大氣，喜歡深入思考問題，每每有獨到的發現。
現就讀於中國人民大學。

　　窗簷上掛著一個沙漏。清風吹過，小巧的沙漏隨風翻動，用一半的豐盈去填充另一半空白，讓生命始終處於永不停息的流動中。

　　那日也是這樣，清風淡爽，吹得人心裡酥酥軟軟，要化掉一般。從烏鎮的柵橋走下，心早已牽著我的腳步走進河邊的工藝品小店。我喜歡這裡如詩如畫的曼妙風景，更鍾情於藏在其中古色古香的店鋪。

　　第一眼便被屋簷下垂掛著的沙漏吸引住了，細碎的漏沙聲與清風融為一體，猶如古鎮午後慵懶的小調。

　　店內沒有其它駐足的遊人，店主見我看得入迷，邀我坐下閒聊。他感歎，現在很少有遊人願意駐足靜靜觀賞沙漏藝術，他們大多把自己的行程安排得滿滿當當，不留一點空間，就像沙漏撐滿了沙子便再也轉不起來了。

　　我望著店外步履匆匆的遊客，突然發覺他們的旅行猶如趕集般倉促，不留一點駐足的空間。他們想把所有美景都裝進相機，也不給自己留一點觀賞與想像的空間。

　　我凝視著眼前的沙漏，讚歎這尤物竟有這樣大的智慧，只裝一半沙子，給自己留一點空間，便成就了靈動的生命。

　　我買下了沙漏。

走出小店，邁著小步在河邊踱著，感受這魂牽夢縈的江南水鄉散發出的獨特意蘊。走進不知哪座亭台水榭，看花瓣隨水而逝，想像著或許哪位佳人曾撫過這裡的盛開的繁花，或許哪首名曲就誕生在河中漂浮的小舟上，或許哪支畫筆曾描繪過烏鎮的倩影……在這般駐足的空間，想像的空間伴著耳邊傳來的古調，我醉了，醉心於在這自己為自己留下的一點空間裡。

我想旅行正是讓心情流動的活動，沒有留出駐足與想像的空間的旅行只能是枯燥，最終被當成任務一樣完成。就像我們走在人生的旅途中，滿載前行最終卻是身心俱疲，何不為自己留一點空間，偶爾抬頭看看身邊可能會被你遺漏的美景？

從不曾擁有這樣愜意的下午，再留最後一眼看烏鎮，條條雨巷，一把江南的傘；汨汨流水，一隻微醉的船……不論這是現實之景還是想像之景，我的心裡已經永遠為烏鎮留下了屬於它的空間。

旅行的意義就在於步履匆匆中、在忙碌的工作生活中留一點愜意的空間給自己，人生亦是如此。就像此刻我坐在窗前，望著隨風流動的沙漏，回到曾經為烏鎮留出的空間裡，徜徉在如詩如畫的山水中……

題目中的空間既可以是有形的，也可以是無形的；既可以給別人留一點空間，也可以給自己留一點空間。作者選取的是給自己的心靈世界留一點空間。因為現代的都市生活，給人的壓力也很大，很難說沒有心浮氣躁的時候。人的精神太緊張了，那便會失去生活中的獨有的樂趣。

巧妙構思。作者選取典型意象沙漏切入，準確、貼切地描寫沙漏的特點：用一半的豐盈去填充另一半空白，給自己留下了足夠運轉的空間。再由實到虛，敘寫一次烏鎮旅遊的經歷，從步

履匆匆、猶如趕集般倉促的遊客身上得到啟發和感悟，他們沒給自己留一點觀賞與想像的空間。再進一步拓展到人生，許多人走在人生的旅途中，滿載前行最終卻是身心俱疲，全然沒給自己留一點空間。其實，有時真的可以給自己的生活留下一個小小的空間，偶而也放飛一次自己，讓心靈透透氣，讓靈魂躲躲雨。最後，詩意的結尾，徜徉在烏鎮的雨巷中，體味著它的美。回扣文章的開頭，首尾呼應，行雲流水。

朱曼雯

落花裡的宋詞

朱玥

江蘇省清江中學二〇一三屆

一個開朗、陽光的女孩。覺得幸福的感覺就來自手中的書卷，如此簡單卻動人。

現考入華東政法大學。

　　青藤靜靜攀在漆跡斑駁的舊牆上，空氣中彌漫著不知名的清香。一個丁香一樣的結著愁怨的姑娘，撐著油紙傘，踏著詞人的韻腳，從線裝書裡款款而來。

　　我走近，走近，聽她訴說春意闌珊，落英繽紛，惆悵離情，我敞開心門，聆聽花朵爛漫的生死交錯。

　　暮春時節，是最能惹起愁思的季節。在聲聲子規的啼叫中，楊花落盡，它們空靈而哀怨。蘇軾眼中的楊花是個多情的美人，「困酣嬌眼，欲開還閉」，看似無情，卻也有意，柳花飄墜在河堤上，庭院中，這些落入凡塵的純潔的精靈啊，它們不願灰飛煙滅，定要在人間留下它們飄搖屛弱的倩影，讓多情的詞人將它們裝入行囊，穿越千年，綻放美麗。

　　落花還帶著佳人的相思與愁怨。雨橫風狂的三月，重門深鎖的庭院中，伊人懶懶地坐在秋千上，淚水迷濛了雙眼，尋問落花她那戍守邊塞的意中人回來了沒有，花不語，亂紅飛過秋千去。衣衫單薄，弱柳扶風的佳人只得託飛紅寄去她的相思。「君可見，刺繡每一針，有人為你疼；君可見，牡丹開一生，有人為你等；江河入海奔，萬物為誰春？明月照不盡離別人。」可正如李煜的詩那樣，「流水落花春去也，天上人間」，伊人等到深秋都沒有聽到落花帶來的

消息，只能看到「菡萏香銷翠葉殘」，獨自品味「是處紅衰翠減，苒苒物華休。惟有長江水，無語東流」的苦悶。最後，同那匆匆凋零的林花長眠青塚。

馮煦說：「秦觀和晏幾道都是古之傷心人」，相形之下，我喜愛的並非惆悵地憶著心字羅衣小蘋的清新婉麗的晏小山，而是「婉約之宗」的秦觀。他在貶謫生涯中，因不能如其師蘇東坡那樣豁達，所以他的詞辭情哀婉，淒切動人。

《望海潮》中「正絮翻蝶舞，芳思交加」，楊花牽起少遊的心弦，思緒如青絲萬千；「素弦聲斷，翠綃香減，那堪片片飛花弄晚，濛濛殘雨籠晴，正銷凝，黃鸝又啼數聲」，那般柔腸，怎經得雨後冷落的景象折磨；最愛的還是那首被笙簫和落英包圍的《浣溪沙》，「自在飛花輕似夢，無邊絲雨細如愁」，花瓣從空中輕柔旋落，卸下了一季的繁華，如調皮的孩童，在空中自在地飛翔，我不禁同秦少遊一道，徘徊在小樓的飛紅萬點之中。

宋代的詞人如此惜花，為花悲喜，為花醒醉，為花憎風恨雨，所以者何？周汝昌先生曾說過：「風雨葬花，如葬美人，如葬芳春。凡一切美的事物年華，都在此一痛惜情懷之內。倘不如此，又何以識得中華民族的詩詞文學乎？」

落花翻飛在宋詞婉約的韻律之中，使嫵媚的詞更顯嬌柔，我願素手為槳，宣紙為舟，泛波於煙波浩淼的宋詞中，懷想芙蓉城三月雨紛紛，六月杏花村，穿梭於煙雨之中，看滿地憔悴的黃花，任淚，浣春袖。

詞主婉約的性質決定了落花意象的廣泛應用，宋詞正是以傷春、傷逝的淒美情懷觸動人心，寄寓了詞人不同的人生際遇。本文清幽淡雅而又深情款款，用女孩子那種細膩的筆觸，溫婉

的柔情寫出了宋詞幽約感傷的基調與主流情態。所寫的落花既有很多選修裡的詞作，也有自己鍾愛的詞人詞作。

引用周汝昌先生對落花的賞析更是畫龍點睛，使文章擺脫了一般的小兒女的情狀，不僅僅流於文字的美妙，而是昇華到了詞評的高度，清新而雋永，是詩情、畫意與哲理的完美統一。

張建霞

疏

程雨

江蘇省新海高級中學二〇一二屆

善思善悟，純淨明朗。喜歡在閱讀中得一份妙悟。

二〇一二年高考取得理科語文一百四十五分的優異成績。現就讀於復旦大學。

始終覺得「秋」有一種「疏」的美。

甘霖潸然降臨，雨打枯葉，長長的梧桐道上，皮靴踩去，發出短暫的厚重的歎息。你也許會惋惜，覺得秋似乎是神的敗筆，花盛極而衰。留下了太多的不完滿，是一次溫柔的疏忽。

而若你又想起太白詩雲：「草不謝榮于春風，木不怨落於秋天。誰揮鞭策驅四運？

萬物興歇皆自然。」不覺釋然。仔細品味，秋留了春夏的餘韻，不過止了修飾，一派不修邊幅的冷豔空明，不像夏天的繁花與密林，擠壓喧鬧得讓人喘不過氣，密得似那不透風的牆。而秋則不然，寥寥幾筆，勾勒出擎天的樹杈，亦或是池塘裡稀疏的荷莖，淡淡的疏林……此時，秋的古道蒼涼，遒勁開闊，似乎給了「疏」的美最好的詮釋。

選一個「星月皎潔，明河在天，四無人聲，聲在樹間」的夜晚，讀一句莊子的「正得秋而萬寶成」，仰望深藍的沒有一絲雲的天空，你難道不會感到大自然的偉大和人的卑微嗎？你難道不會在這個事物更替之時感到生命的真實存在嗎？你難道不會有一種與天地陌生而疏遠而想要流淚的衝動嗎？

是的，只有在秋天，你才會感到自己的靈魂與天地的疏遠，自

己對天地是虔誠的仰望、忠實的敬畏，生命的厚度與純度彷彿得以更為恆久的鞏固，永遠被延續、被葆有。

秋的深邃的眸子，不容人去狎昵，是莊重地疏遠，讓人審視自己的靈明，打掃一方淨土。

菩提本無樹，明鏡亦非台。本來無一物，何處染塵埃？天籟自鳴，俯仰隨人。

當湛藍的天空中大雁列陣長鳴飛過；當血染的霜林在風中掀起葉的舞蹈；當石榴汁液金黃如繡，汩汩而溢；當所有這些化作清涼的風沁透你的心脾，點通你的心穴，你就會豁然開朗，到達「疏」的境界。

疏——一種心胸的開闊，一種過猶不及的智慧，一種難得糊塗的灑脫。

尼采說：人生是一條污穢的川流，要涵納這川流，而不失其清潔，人必須成為大海。這是疏的真諦，疏而不愚，疏而自知。此時你的心就像喝汽水打個飽嗝般暢快地被秋洗了脾胃。

擁有了秋，你便擁有了那「疏忽」的不完美，「疏林」的雅趣，「疏遠」的敬畏與「疏通」的開闊，從此，你也就擁有了天地……

「疏」，是一個含義豐富、適用範圍極廣的詞。為配合蘇教版選修，以此為題來作文，需要對這一概念的外延進行解讀，進而找到合適的切入角度，說清內涵和理解。

疏，既能詮釋事物關係，又能演繹人生志趣；疏，既能觀照現實生活，又能展現審美追求。若為文從事物關係入手，文章容易「實」，而缺少些意蘊及空間。作者根據自己的閱讀經驗及寫作特長，從人生志趣、審美追求的角度立意，去探求「疏」中體現的豁達開闊、淡然自適的人生情懷，讓文章在構思上擁

有了開闊的哲思領域。

文章從品秋味起筆，筆墨集中展現了秋「不修邊幅的冷豔空明」，進而由聯想將文路延伸至對簡單疏淡的人生態度的追求。文思由淺而深，有「實」而「虛」，前後鋪墊照應相配得當，讀來覺得流暢自然。文章意象鮮活，聯想豐富，關乎生活智慧的思考源於對自然的品悟和對生活的體察。作者的人生經驗是有限的，然而閱讀及善思的品質卻拓展了其閱歷，寫作的睿思哲理也就這般被輕鬆地獲得了。

張進

看似「平凡」的世界

張藝星

江蘇省贛榆高級中學二○一三屆
我特別喜歡中國現代文學，最喜歡路遙，受他作品的影響，
我更羨慕樸實安寧的生活。現考入對外經濟貿易大學。

　　好一個平凡的世界！讀完路遙《平凡的世界》，心中禁不住如此感歎，好似其中的每一個人物、每一個村莊，都是一個經典。細細咀嚼，品讀出的是人生深永的滋味。

　　經典中折射出的是生活的本來況味。我很喜歡路遙的著眼點──「平凡」二字。生活本就是平凡的，像那平凡的黃土高原、平凡的圪圪村莊，當然包括那平凡的人，無一不映照著生活。林語堂先生把「平凡」歸為生活最高的藝術，大抵也是將其看透後內心而得的一種徹悟。體悟過了人生的酸甜苦辣，平凡似乎可以引起群眾的共鳴。李宗盛的一首歌中唱道：「平平凡凡才是真。」轟轟烈烈、大喜大悲地生活，根本不是人生的至高要義，平淡無悔地活著，未嘗不是一種快樂。所以，路遙把世界定格在「平凡」二字，再恰當不過。

　　其次，經典也可折射出人在苦難面前的韌性。路遙用他那只冷峻的筆告訴我們：社會再殘酷，人間也總存在鮮血與淚水不曾蔓延到的角落。書中的孫少安，在苦難中度過了半生。他出身於貧苦之家，早早輟學養家糊口。他深愛著潤葉，卻又自覺配不上她，讓愛人另有所嫁。但是人並不是屏弱的蘆葦，有追求的人永遠不會為苦難擊敗。孫少安就是一個有追求的人。他娶了山西媳婦秀蓮，依靠

自己的努力創辦了工廠，最後成為了遠近聞名的企業家。苦難於他，根本不是阻礙，相反，那是使他向前的動力。路遙生活在充滿苦難的歲月，他的身邊有太多承受苦難的人。想起了史鐵生在《病隙碎筆》曾經談到的一句話：「神的仁慈在於，只要你向前走，他總是給路。」這也正是路遙書中人物對苦難的態度。

最後，每一部經典詮釋出的都是人性的光輝。《平凡的世界》中的田曉霞為了救溺水的兒童喪失了生命，主人公孫少平為了理想投身煤礦，郝紅梅後來的真誠悔悟，這些人無不詮釋了人性的光輝。人的意志是無窮的，路遙在告訴人們：這世界上並無多少大善大惡之人，每一個人都是平凡的，每一個人都懷揣著小小的善念，這也正是本書的主題。

經典追求的永遠是真、善、美，它詮釋著的是生活、是人性、是苦難，而《平凡的世界》正是這三項的濃縮。黃土高原，本就是一塊有苦難與希望的土地，路遙生於斯、長於斯，艱苦的生活令他更加熱愛生命。品讀這樣的經典，我們才瞭解到：此信仰與追求，人生來就有，而且自古不變。

品讀經典，為自我洗塵，自此不再質疑你我存在的理由。

唯「熟讀方能精思」。看似「平凡」的世界，在本文作者的眼中、心中其實並不平凡。《平凡的世界》曾激勵了無數的年輕人自強不息，這部經典還將繼續帶給人以「信仰與追求」。有這樣的品讀，路遙可深感欣慰矣！文章已彰顯了作者文學評論的才情！

仲玉梅

滿與空

張幟

江蘇省興化中學二〇一〇屆
遨遊於書海，留戀於書香，徜徉於書徑。
書為我打開了一扇曲徑通幽、陶冶心靈的門戶。現就讀於北京外國語大學。

現在，我站在空落落的院子門口，滿園木棉依然在我心中盛開……

小時候，最愛的花便是木棉，愛它的熱烈，愛它的堅貞。最愛走的路便是那條青石小路，只因路旁有戶人家的院牆上高高伸出一枝開得熱烈的紅木棉。每天放學都要繞道去見木棉。記憶中只記得那株木棉花期真長，很長一段時間裡，天天都能見著它。

那一枝孤獨的紅棉，填滿了我那時空空的心靈，帶給我無限遐想。葉紹翁的那句「一枝紅杏出牆來」便正是對木棉的寫照，於是我總想著，打開院門便能看見滿園春色，定是美麗非凡。但理想是美好的，現實是骨感的，我的手中總是缺了一株木棉，一直空空如也。

直到後來我離開那條小路，也沒能欣賞到滿園春色，但那種繁花爭豔的場景在我心中被勾勒得極深、極濃，彷彿前世今生只為守候這一次相遇。帶著懷念，我離開了那株木棉。

我會用不成熟的畫筆描繪木棉那開到深處的美，我會用美好的文字寫下對木棉的想念，想像我有一座庭院，院裡種滿了木棉。哪怕我的手裡一直空得連一株木棉也不曾有過。

後來我發現了一個好去處。能夠四季不斷持續供應紅色木棉的

地方，除了花店更無其它好地方。每次放假我總是喜歡去看看花店裡的木棉，看各種各樣、嬌豔美麗的木棉靜靜躺在那裡，任顧客挑選。

我會買下木棉插進花瓶，讓自己每天都能看見它，讓自己一直記得它的堅貞與熱烈，讓自己永遠帶著昂揚向上的熱情迎接生命的每一天。

我的手裡不再空空如也，但⋯⋯

一天，我發現原本挺立的木棉像病危的老人，我的心顫抖了。我沖向花店，猛然覺得，那些原本盛開、滿滿當當擠在一起的木棉，此時看上去都那樣脆弱，我的心裡空落落的⋯⋯

手裡握著木棉反而讓我感覺到心靈的空洞。

於是，在一個天高雲淡的假日，我重新回到那條青石小路，有獨枝木棉伸出的小路，我想重新找回心裡滿滿的充實。

我找到那戶人家，敲門進入後，主人的熱情讓我激動，滿心都是熱烈的木棉。進入後院，那間，我心驚到淚流滿面。

後院並沒有我想像中的滿園春色，只有一株插在屋簷上的木棉，孤獨地站在我的記憶中⋯⋯

一直以來，是我心中對生活的激情才讓生活變得滿當，木棉只是一個善意的美好的空想⋯⋯

看著空落落的院子，滿園木棉彷彿在我眼前熱烈綻放，芳菲一生。

一切源於那次美麗邂逅，一切原是美好誤會，但始終是「滿園木棉依然在我心中盛開」。「我」看到了一枝出牆的木棉，那樣的豔麗，於是想當然的認為必有滿園的生機，雖欲觀之卻始終未能如意，歷經波折，當「我」終於滿懷激動來到後院時卻

發現沒有想像中的春色，「我」愕然了。但也領悟了，原來，一切的美麗並不是存在於生活中，而是存在於我們的心中。以「一株木棉」為線，寫出了自己對生活的思考，充滿了睿智。

沈玉榮

感受鄉村

邱玥

江蘇省海州高級中學二〇一〇屆
細膩的文筆，永遠讓人感受到文字間的情致。
對生活充滿美妙幻想，相信一切並不是那麼困難。現就讀於蘇州大學。

雨後，踏著散發出泥土特有的腥香氣息的鄉間小路，悠悠地來到兒時常嬉戲的外婆家。久立在外婆家門前的絲瓜藤架下，凝望著那掛滿絲瓜的架，一陣喜悅湧上心頭：我又回來了……

我喜歡在盛夏時來到這個有我回憶的鄉間村莊。在這個百來戶人家的村莊中，生活著質樸誠然的鄉村人，他們熱情好客，即使我幾年沒有回去過，他們也能認出我。

盛夏時節，許多水果蔬菜都成熟了。炎熱的午後，太陽依舊掛在空中，我會像老鼠一樣偷偷地跑到畦田中，看著在熱風中搖曳生姿的綠油油的瓜果蔬菜的葉子，我就會深呼吸一下，然後在田地旁的茅草架上躺下繼續睡午覺。在風中，聞著葉子的清香，悠然睡去。每到這時，舅舅們就會笑我，從他們爽朗的笑聲中透出的質樸和豁達震顫了我的耳膜……

這裡的人吸引著我，但是這裡的夜空卻給了我另一番浪漫的情懷。

傍晚，在霖霖小雨中，偶而的一滴如氣體的雨落在皮膚上，那種觸感在盛夏中分外清晰。抱著外婆親手編的蘆葦席，笨拙地爬上平房屋頂，再笨拙地鋪好那張辛苦搬上去的蘆葦席，欣慰地躺下，開始數天上的星星，找自己能叫得出名字的星星：天樞星，北極

星，牛郎星，織女星……在房頂上，最期盼的是能見到一顆流星。可惜，我等了那麼多年，守候都成了空。

　　每年的夏天，在那個固定的房頂上，都會有一個女孩躺在蘆葦席上，將天空的色彩從毛藍等到了深藍。在鄉村獨有的音樂背景下，沉沉地睡去，而在她閉上眼後，一顆流星滑破了天際……

　　在鄉村，每個人都能找到自己的樂園。在田地裡，我們能捉到蛐蛐，能捉到蝴蝶；在河邊我們可以捕到魚和蝦；在草場上，我們可以遊戲可以捉迷藏，我們可以烤玉米、烤地瓜，感受生我養我的鄉土氣息。

　　遠離了城市的喧囂，沒有五彩的霓虹，沒有燈紅酒綠。這裡只有參天的綠樹，冒著炊煙的農家小院。但是在這裡，人可以平靜那顆追名逐利的心，可以完全地展現自我，能夠不再辛苦的生活，人可以拿掉臉上的面具，以真實的自我展現在自然心中，並且融入進去。在自然情懷的薰陶下，昇華自我，陶冶情操，享受更美好怡然的生活。

　　鄉村，在我疲累時會接納我的倦怠，會在靜靜的土地上等候，等候離家的人……

　　鄉村，永遠是我眼中的淨土。

　　外婆、村莊、盛夏、女孩……本就構成了一幅自然唯美的風景，喚醒了你我心中那份回憶。細緻的描寫，刻畫出鄉村獨有的風味，任何一段時光中鄉村都洋溢著溫馨與浪漫的情懷。當城市與成長讓我們漸行漸遠時，那份寧靜就更加難能可貴了。與城市的對比，凸顯鄉村的難以割捨之情。本文最大的特點就是描寫之中自然洋溢出的深情回憶。

馮新海

留一點空間

單昊聰

江蘇省贛榆高級中學二〇一二屆
喜歡一個人靜靜獨處遐想，感性地思考理性的問題，
淡化時空的維度，做心靈旅行，聽風聲、雨聲，納入一山春聲。
現就讀於西安電子科技大學。

我端起桌上的茶杯，靜靜地，茶已涼，有半卷的茶葉半沉半浮在水中。像古老的歷史在沉沉的空氣中凝結。舒緩的葉角一半卷著歷史，一半卷著人生。

的確，茶道的精髓在「留」。

水溫折中，浸茶時間折中，葉卷折中……因為留下了空間，才可嘗到第二沏的氤氲芬芳。

一如人生。

卡薩布蘭卡殘留的磷酸礦，布拉格的第一場雪，布魯塞爾喧囂而空闊的機場，上海昏黃的天空和外灘變黃的外牆，拉薩湛藍的湖水，蘇州深遠的暮鼓晨鐘，麗江古老的青石板路……

它們是紊幌的最後一班地鐵，在飛速發展、物欲橫流的現代倖存。它們是城市的空間，是每場繁華間短促的罅隙，是一首在存留的空間回蕩的驪歌。

而人類也似乎在駐守著這一哲學——在不斷成長與長成的時候，留一點空間，留著一點可以再次長成的空間。

當年的紅衣少年，如今的仁者。也許「知者樂水，仁者樂山，知者樂，仁者壽」才是他一生最完善的詮釋。「國學大師」、「史學泰斗」，季羨林老人的光環如星空的繁星，絢爛而不刺眼。這位大

師的一生可稱之完美，而當被授予感動中國十大人物時，季老卻連稱「不敢當」。這是一位大師的智慧，他告訴我們《摩羅衍那》的譯著不算什麼，一如鴻毛。他給自己留下了空間，而這正代表著人類的再次發展的空間。那是對已經擁有的坦蕩，釋然。

又如阿裡巴巴的創建者馬雲，在擁有了人之所向之後仍稱自己「不聰明」。而戈登的放棄，給自己留下成長的空間，最終歷史使他成為扣籃王。亦如喬丹在飛躍罰球線時的那一點失誤，更是成為了後人超越的契機。

而在榮耀面前，在浮華面前說「不」是艱難的。有時候，更需要的是對過去的回望，對現世的守望，對未來的展望，保持一顆平淡的心，才能守住那點空間。

摩爾森在困難面前的泰然，鑄就了《三杯茶》的聞名；安德列耶夫對國家巨變的擔當與平淡，化為《撒旦日記》這「時空之外」的創作；林徽因的「獻我最想的一滴眼淚，凝聚著我的信仰，至誠和愛的力量，使一切化為平淡」才有了建築與詩的結合。

把柏拉圖的永恆化為對擁有的平淡，把聖西門的空想化為對未來的遙望，把馬克思的勞苦化為對過去的回首，把康得的最高理想化為現世的動力，給自己留下一點空間，在擁有面前拒絕，去成長，去長成。

窗外風嵐變滅，潮起潮落，可以珍惜的不只是舌口上空留的一段余甘。

以「茶」論人生「大道」的文章很多，但此文卻能獨闢蹊徑，從「舒緩的葉角一半卷著歷史，一半卷著人生」品味中，悟出茶道的精髓在「留」，進而引發對人生社會哲學的大思考。文章旁徵博引，大膽開闊，從「上海外灘」到「麗江板路」，從

「紅衣少年」到戈登、喬丹……無一不印證著對「給自己留下一點空間，去成長，去長成」深度思考。構思上，以「茶」切題，真切直觀，順情入理，充滿情趣和理趣；敘寫上，舒緩有度，首尾圓合，富有節奏感，是一篇很好的睿思哲理類作文。

王曉華

傾聽潮聲

王德威

江蘇省灌南高級中學二〇一三屆
高中一直擔任班長，敢擔當，有責任心，班級工作做得風生水起；愛好書法。
現考入東南大學。

「喂，是老爸嗎？快，快點，出大事了！」

「嗯，是我。兒子，別慌，有事慢慢說，可千萬別急，亂了方寸。」聽了電話那頭急促的聲音，老王有點慌，生怕獨在外地的兒子有點什麼意外，紅胖的額頭上已滲出了汗珠。

「我沒事，家裡那邊應該還沒消息吧。嗯，應該是這樣的。爸，快去搶鹽吧，我們這邊都搶瘋了，價格越來越高。」

「喔？！」老王松了一口氣，只要兒子沒事就好，提著的心也放了下來。「鹽？搶鹽幹嘛？家裡不是還有點嗎？大驚小怪的，瞎咋呼！」

「沒時間跟你解釋了，快去買鹽吧，有多少買多少！總之與日本核輻射有關，人心惶惶的……」

老王納悶：日本核輻射跟中國的鹽還有關係？實在想不通，但兒子的話是不會錯的，而且大城市的人都這麼幹了，總不會有錯的。現在不是什麼都講潮流嗎，我也是緊跟潮流前進的人。嘀咕著兒子經常講的話，老王向附近的小賣部趕去。

小賣部已經有幾位老相識的聚在了一起，他們也在談論著剛剛聽到的消息。老王湊了過去，定下了心神，說道：「這兒的鹽我老王全包了！」還在猶豫的人也不再遲疑，紛紛與老王套著交情，讓老

王勻出幾包。老王心中的那個喜呀，自覺不自覺地流露在了臉上，呵呵地笑著。還暗道，這大城市就是消息靈通，做著跟著潮流的人真好。

買下小賣部的鹽，老王又馬不停蹄的騎著他的電動車，向下一個小賣部騎去。不再遲疑，到了便立即把鹽全部買下。想著一轉手便幾乎翻一番的利潤，他的步伐更快了。

陸續的，得到消息的人越來越多，趕來買鹽的人卻驚訝地發現：鹽都被老王買光了。而剩下的店鋪也不再出售了，期待能賣出更好的價錢。

人們談論著老王，既羨慕又嫉妒，而老王卻搬出了他兒子常說的一句話：聽著潮聲，便能引領潮流。

看著家裡的幾百包鹽，老王心裡樂滋滋的，卻又在惋惜動作還是太慢了，要再快點，該有多好！

第二天，有人從城裡回來，描述了城裡搶鹽事件，據說已經漲到了五六塊一包。有人已經開始向老王買鹽了，而老王有著自己的打算，並沒有急著出售。

當天晚上，中央台開始闢謠，並將幾個浙江籍的始作俑者抓捕歸案。

盯著堆積的鹽，老王目光呆滯：「聽潮，聽潮，聽什麼狗屁的潮……」

作文最大特色就是鳳頭豹尾。開頭老王和兒子通話場景的描寫渲染了「潮」來時的突然、急迫，讓人措手不及，這種寫法，扣人心弦，引人入勝，為下文「買鹽」情節的展開作鋪墊。結尾「老王目光呆滯：『聽潮，聽潮，聽什麼狗屁的潮……』」簡潔有力，具有強烈的諷刺效果。

「傾聽潮聲」是全文的一根紅線。開始，「什麼都講潮流」，老王聽了兒子的話，向附近的小賣部趕去；接著鹽全被買下之後，老王覺得「做著跟著潮流的人真好」；後來老王在人們既羨慕又嫉妒的目光中，又搬出兒子的話「聽著潮聲，便能引領潮流」；最後，老王盯著堆積的鹽，目光呆滯，「聽潮，聽潮，聽什麼狗屁的潮……」小說選材源於生活又高於生活，情節既在情理之中又出乎意料；老王的語言、動作、神態描寫生動傳神。

劉廣標

看似尋常

王正

江蘇省東台中學二〇一二屆

喜歡聽歌，喜歡寫日記，喜歡在博客上敲下深深淺淺的文字，

在小小的天地裡追逐大大的夢想。始終堅信文字的力量，

希望用文字溫暖更多人。現就讀於武漢大學。

　　在湖南，我領略了樹的力量。那是棵尋常的樹，既沒有虯枝盤曲的樹根，也沒有遮天蔽日的樹蓋，我以為，他僅僅是樹。

　　父親彷彿看出了我的輕視，歎一聲，說：「這些樹是有生命的。」又彷彿是自言自語，說：「是超載了生命的。」我糊塗了，植物本該是有生命啊！

　　順著父親的目光看去，是一些突兀的山，就像是古詩中「千山鳥飛絕，萬徑人蹤滅」那樣的山，就那樣突兀地立著，總讓人感覺缺少了些什麼，是那樣的礙眼。

　　對了！是綠意！是生命的綠意！這山缺少的，便是那一抹綠色，那一片能使它擺脫了沉暮的死氣的盎然的綠意。再回望那棵兀立在後面山峰上的樹，便覺多了幾分可愛與活潑，連山陡峭的峰也變得沒有了棱角，筆直的線條也變得柔和。

　　可是，這棵樹是怎麼會長在那山峰之上的呢？

　　我不得來重新審視這個問題。那是一棵尋常的樹嗎？不，至少那是一棵能帶來活力生機的樹。只是它看似尋常罷了。

　　然而，一個更嚴峻的問題也隨之而來。湖南一帶，因地勢原因，山大多是岩石堆砌而成，現其說是從地面長出來的山，不如說是上帝隨手丟的石塊，也就是說，那樹並不依賴泥土，而是紮根於

岩石！

我被自己的想法震撼了。望著那棵樹，我不禁想到「千里馬常有，而伯樂不常有」這樣的句子來，臉上一陣發燙。面對這樣一棵「低調」的樹，我註定無法成為它的伯樂。也許只是因機緣巧合，這一棵樹的種子是被哪只粗心的鳥兒攜來，投到這一片稱得上是墳墓的山頂。但倔強的性格並沒有讓他向命運屈服，曝炎陽，經風雨，破岩石，終於在這一方之地成長為一棵並不美麗的樹。

當它選擇逆流而上迎擊命運時，它便已超載了同類，它的美不在外表，而在那生命的活力。它已不僅僅是一棵樹了。

也許有許多樹比它更加茂盛，也許有許多樹比它更加高大，也許有許多種子能成為和它一樣的樹，但卻沒有一棵付出的努力比它更多。它沒有黃山迎客松那樣奇絕，也沒有海南大榕樹那樣雄壯，他看似最尋常，實則最偉大。

仰望這一棵樹，我久久無言。

文章從一棵樹寫起，寫出其平常外表下的神奇。不僅如此，作者還深挖了一層，「因中探因」，寫出了「神奇」的原因之所在。其深刻的功力，令人慨歎。考場作文如何迅速地打開思路，本文給我們一個很好的啟發，那就是選擇好一個載體，深挖下去。文章在構思時，運用劇本筆法，側重寫人的意識的流動，使文章主旨更加深刻，令人震撼！

王兆平 胥照方

菜園祭

安亮

江蘇省贛榆高級中學二〇一三屆

智一半為文，一半為理；心一半為己，一半為人。被評為江蘇省優秀三好學生；獲得數學、物理奧賽省一等獎；參加「語文報杯」作文大賽，獲得國家級一等獎；二〇一三年高考以總分四百一十五分、江蘇省第十九名的優異成績考入清華大學。

祭菜園，祭她流光溢彩的春天，祭她恬淡疏樸的性格，祭她汩汩湧流了千年的精神清泉。

是的，就如我眼前的這幅殘頹清冷的塗鴉般的畫，兩節枯指般的葡萄枝扭曲地向上張牙舞爪，彷彿想抓住天上的雲朵，在那裡重煥生機；雜草一尺高，零星蜷縮的絲瓜秧羞羞答答，彷彿春風一吹又能鑽回土地裡去。一切生命的歡笑隨著老太太的西去而回歸沉寂。

可這裡的春天曾是那樣的動人！不必說金燦燦的油菜花，白花花的大蔥花，綠油油的小白菜，單是那爬滿屋頂伏兵似的葡萄葉，那繞著一根細繩盤曲向前的遊擊隊似的絲瓜苗都令人想摸又不忍心弄疼了她們。一個有春意的菜園少不了一群雞仔的吵鬧聲，它們被圈起來，乾巴巴望著一園春光，心裡怕還想著怎麼找個支點飛出去。勤勞的老太太總是早起，裹一身青衣，蹣跚地撥開絲瓜、黃瓜的「秧簾」餵雞，數落這一群搶食打翻了大碗的淘氣鬼。老人是老了，但一走進菜園，她彷彿和著這醉人的春意又青春了一回。

往事如煙，散去時總是留下不可以抓住的些許信物。我與這菜園的主人素昧平生，但她映著綠意的身影讓我久久難忘。菜園的籬笆不過是方木棍、枯樹枝和一塊塊五顏六色的破布條，但我覺得這

才是菜園的本色。而這種本色，今還可尋否？

我家也有菜園，方石台，貼上瓷磚。幾平方大小，卻只有白菜。春來了，卻只狡點地塗抹綠色，吝嗇地帶走了其它繽紛。一隻拴著腳的烏雞，帶著似在爛泥裡滾過的髒兮兮的毛，獨守菜園，全無老太太那裡曾有的鮮亮的紅雞的熱鬧。有時烏雞半抬著一隻腳，怔怔地盯著的孱弱菜苗，半晌失神。

能不失神嗎？菜園小了，也許還會再小下去。然而，隨之紛繁綻放的，是桃花、杏花乃至櫻花，接成一片，燦若春霞。然而這背後的觀賞者的嬉笑聲卻遠超過花木本身的多姿；流動其中的不是春風，而是匆匆腳步和汲汲之心。

現代人似無力守住菜園，守住那原始質樸的本色。春風可以吹綠大江兩岸，卻再難吹醒一片菜園。當大棚種植、集體大農場呼呼站起，自由的菜，爛漫春光中的菜，帶著晨露暮霜的菜，被你挨我、我擠你的菜取代，亦如攢動著卻怎也走不出一個圈的人，可還能尋「守拙歸園田」的野趣，那種「晨興理荒穢，帶月荷鋤歸」的自然之性？

可還有「花木成畦手自栽」的愜意安閒，那種「一水護田」的詩意與喜悅？

有嗎？我追問眼前落日餘暉下的荒園。一種巨大的寂寞、煩躁、輕浮的汽車鳴笛聲由遠而至，又呼嘯而過。我憶起有一天也這樣匆匆走過小園回家，老太太坐在門前織籃子，她咧開無牙的小嘴，衝我嫣然一笑，彷彿來自歷史的精緻的告別。她走了，帶走了流淌了千年來的被稱為「小農」的生活方式，也帶走了被稱為「質樸」、「自然」、「純真」的人的本色。一種精神的血液正在乾涸，亦如正在縮小的，彷彿欲逃至無光角落的菜園。只怕人們只能網上「偷菜」，再難從光怪陸離的現代浮華中走出，一享「春到溪頭薺菜花」的恬淡疏樸。

祭菜園，不灑清酒，只灑下深切的哀與熱切的盼。正躊躇，見一截輕柔的絲瓜秧稚嫩地親吻著春風。或許，菜園還會有春天？

這是一篇充滿睿思哲理的詠物散文，讓人讀來便覺一股思維的清泉在字裡行間流淌。豐富的聯想，對自然、人類與自我的不斷追問使文章的思想睿智而深刻。

「往事如煙，散去時總是留下不可以抓住的些許信物」等句充滿哲理色彩，讓人細細品味。作者筆下的菜園早已不只是一方小小的菜園，它成了傳統生活方式乃至古樸文化的象徵，這也是作者的精思所在。此文描寫處細膩生動，點醒處要言不煩，文筆優美，感情真摯，不失為佳作。

徐謙

生命的奇蹟

朱彤

江蘇省灌南高級中學二〇一三屆
文靜、細膩、善思，喜愛繪畫和文學，夢想成為業餘畫家。
現考入西南政法大學。

不要哀歎命運的平凡，生命本身便是一個奇跡。

——題記

　　曾經有很長一段時光，我會獨自一個人靜靜地呆在閣樓的陽臺上，常常會感到一種莫名的惆悵，覺得周身的空氣平靜得像一潭死水，緊緊地扼制著我的喉嚨不放，我難受得想哭，卻無力反抗。我不知道人為什麼會活在世界上，就這樣忙忙碌碌了一輩子，像是毫無意義地活著。

　　我總是趴在陽臺的金屬護欄上遠遠地眺望，或只是莫名地盯著天空發呆，很多時候，自己也不清楚腦袋中到底混亂地裝了些什麼。陽臺上似乎也很少見到太陽——灰藍色的天空看上去很高很高，給人一種幾近無言的蒼涼，偶而浮動著的幾片薄雲，不一會兒，卻又悄悄地散了。落日總是在我的右手邊沉下，夕陽像是一輪被澆滅的大火球，竭力地散發出溫和的紅光，朦朧在水霧雲煙裡看不真切，給周身的雲彩染上一層橘黃色的夢。光照射在金屬杆冰涼的?面上，折射出自己並不真實的影像。

　　有時候覺得生命輕如鴻毛，平凡得激不起一絲浪花。

　　其實在閣樓上呆久了，發現了許多有趣的現象，使我的生活似

乎也不那麼單調。陽臺上是我家最富有生機的地方。這裡有頑強不屈的小棗樹，不論風雨多麼狂妄，它都毅然挺立，竭力伸展著纖細的枝幹，那倔強的模樣，引起人深深的憐愛；這裡盛開著一種無名的花，只是某一日突然發現，它只有一日的花期，短暫的生命，可這一日的花期由淺粉變為深紫，它總是用它最大的努力將自己最美的一面綻放，即使僅一日的花期卻也顯得永恆的漫長；這裡偶而還會飛來幾隻體態輕盈的蝴蝶，悠閒地舞動著黑白的長袖，在清麗的陽光下翩然起舞，自知是這滿園的花草將它招至，可又常會疑惑，這樣高的頂樓它瘦小的身軀又是如何飛至？不禁想起它們破繭成蝶的美麗傳說，那種近似鳳凰浴火重生的蛻變又是何等的艱辛？傍晚還可聽聞細微的蟲鳴，窸窸窣窣，暗示著生命的活力。

這一切的一切讓我想了很多，讓我漸漸開懷。我說，我總會覺得生命太平凡，可我又找不到生存的意義，那這些花草們可知道麼？它們無言，它們也不會多想，或許只有人類才會整日去思考生命的平凡或偉大這類無聊的話題吧，卻自以為高深莫測。

每當談到生命的偉大，生命的奇跡這一類的詞語，人們總是會想到海倫‧凱勒、桑蘭、司馬遷、霍金等這些身殘志堅的人，的確，他們是奇跡，我不否認他們的偉大，但若認為只有他們才能代表奇跡，那便是錯了。他們本身與我們並無多少分別，而人們之所以將他們傳成了神話，只是因為他們的不幸將他們的堅強等一系列精神放大。當今的人們總喜歡樹立榜樣，或許也因此才將「奇跡」一類的字眼說得玄幻而空洞，圖於尋求生命的意義，卻漸漸背離了生命的本質。我們似乎遺忘了，其實每一個生命都是奇跡，大自然在孕育生命的同時本身便是奇蹟，正如我在閣樓的那片小天地所見到，他們都是生命的奇蹟。

一花一世界，一葉一菩提。

作者的悟性特好，模仿史鐵生的《我與地壇》：一、對陽臺上的平常的事物觀察和描寫非常細膩、生動，如開始寫「灰藍色的天空」、「幾片薄雲」等，營造蒼涼、朦朧的意境，接著寫「頑強不屈的小棗樹」、「無名的花」，生機勃勃；二、作者的心情也隨之由灰暗到明朗，最後參透生命的價值，頗富哲理。總之，景與情有機融合，作者的描寫和哲思能力超強！

劉啟英

燎原之火
——讀《長征》有感

李霄

江蘇省東海高級中學二〇一三屆

樂觀開朗，陽光率真，愛音樂，愛運動，

更愛在文字中尋覓生命的詩意、靈魂的棲居。現考入中國人民大學。

　　滾滾鐵流，湧動著不朽的傳奇；錚錚鐵骨，捍衛著堅韌的信念。兩萬五千里的奇跡，像一抹燃燒的彩虹，點亮了燦爛的晨曦。

　　那是一個昏暗的時代，那是一片死寂的大地，天空中倏地劃過一顆明亮的流星，它便高傲地歌唱著，點燃了整個神州。「四一二」政變，「七一五」政變，面對蔣介石和汪精衛的圍追堵截，中國革命的火焰搖搖欲墜，長征由此開始，但是，星星之火，誰說不能夠燎原……

　　滿含著熱淚惜別紅色故都瑞金，前方，依舊充滿未知的黑暗。「奔騰急，萬馬戰猶酣；天欲墮，賴以拄其間。」戰士的血，染紅了湘江的水。在蒼山如海，殘陽如血之時，紅軍衝破了烏江天險，向著勝利的遵義城邁進。生死攸關，革命火焰愈演愈烈。四渡赤水、巧渡金沙江、強渡大渡河、飛奪瀘定橋，這是一個個用血和淚抒寫的故事，中央紅軍前仆後繼，衝破重重阻攔，跨越槍林彈雨，向著前方，頑強地邁進，沐浴腥風血雨，嘗盡人間疾苦，只為心中信念，向前向前向前！

　　遙遠的雪山，覆蓋著滾滾鮮紅。紅軍，跨過生命的極限攀登死亡之峰，深厚鬆軟的雪岩，陡立險峻的雪壁，一不小心便跌入死亡深淵，冰雹劈頭蓋臉地砸來，紅軍戰士迎頭面對，前方再難再險，

也要堅實地走下去！一望無際的草地，危機四伏，戰士們深一腳淺一腳地艱難跋涉，氣候惡劣，地形複雜，物資匱乏，多少年輕悸動的心長眠於地下。深深的泥潭陷住的只是肉體，而依舊遠行的是偉大的靈魂！翻越茫茫雪山，踏過青青草原，這是何等地壯烈與恢弘！

長征，是用鮮血染紅的風采，時光推移，那首撼人心弦的史歌將傳誦不朽！為了民族，為了國家，為了千千萬萬的同胞，中共領導著紅軍向著光明跋涉，這就是信念的力量，這便是理想的光芒！

長征是宣言書，宣誓了中國人民的理想與信念，昭示了反動勢力與帝國主義的覆滅；長征是宣傳隊，把紅軍的理念傳遍神州的大江南北；紅軍是播種機，散佈著革命的種子，在中國肥沃的土地上發芽、長葉、開花、結果，收穫著最後的勝利；長征是一座豐碑，保存了黨和紅軍的基本力量，是中華民族的精華和支柱；長征是一次奇跡，正是那些懷有信念與民族的戰士踏出了兩萬五千里的征途，讓紅星閃耀東方！

長征，儼然是一種精神的象徵，向世界宣示：中華民族是不可戰勝的！那些西方政客、軍事家無不恍如做夢，一群衣衫襤褸、扛著土炮破槍的「土匪」到底是怎樣將擁有上百萬的美式武器的國民黨「雄師」打得失魂落魄，一敗塗地。他們大概永遠讀不懂這紅軍抒寫的傳奇，英雄兒女們，以其生生不息的柔韌，繁衍著生命的宣言，代代傳承。

長征，我們依舊在路上。黨在我們的心中，以太陽般的火熱帶給我們溫暖與幸福。在世紀的新紀元，我們要將這不朽的長征堅定地走下去。前有革命志士拋頭顱，灑熱血，一往無前，百死不辭，後就有我們繼承傳統，為國奉獻！沒有長征，便不會有我們的新中國，這只是長征的第一步，前仆後繼的中國人將會循那堅定的腳印，一步一步邁向光明的前方。銘記先輩的教誨，品讀那段充滿烽

煙與意志的歷史，將紅軍的精魂化入血液，懷揣信念與理想，我們，在路中，中國，在路上。

長征，鮮紅的旗幟，熾熱的火焰，霞光籠罩萬里國土，射進國人的心房，紅旗當空飄揚，黨的光芒在我心湧蕩，長征的旋律，在我心中，永恆地傳唱，激昂……

讀書的多少，決定寫作視野的寬窄；讀書的深淺，決定寫作立意的高低。沒有閱讀就沒有思想，李霄讀的書種類龐雜，像《長征》這類大部分現在學生不愛看的書，他也能讀得津津有味，讀出感悟和思考。此文立足於長征那段難忘的歷史，更從中挖掘出長征深刻的精神內蘊，寫出當代青年的思考與激情。文章有思無美則枯，有美無思則浮，他的文章不僅有深刻的思索，有靈魂的在場，有青春的飛揚，而且語言優美流暢，文氣充沛，特別有感染力。

桂榮

等

顧茗萱

江蘇省興化中學二〇一三屆

當日子從指縫滑落，我會用溫馨的微笑給你灑下一片陽光，
用優美的詞句給你送去青蔥的綠意。現考入南京大學。

時間如海，記憶如沙灘，生命如一首四季的歌，春華秋實，夏葉冬雪。冥冥中的輪迴使四季變得漫長，留下了淺淺的銘記，我們在等待絢爛，靜靜地成長。

等你

等你，等春天。還記得小時候寫作文時喜歡用擬人的修辭，總是在作文的開頭寫道：春姑娘邁著輕盈的步伐來了，她用畫筆染綠了……而現在的我更喜歡用「你」來稱呼幼時的「春姑娘」，春天為我的童年留下了許多深刻美好的回憶。

等你，等春天。春天的天空少了幾分刺眼，多了些許親近。閒時的我常常這樣想：我想成為春天裡的天空，明朗純淨，不管媽媽身在何處，我都能看到她的幸福。

在媽媽傷心的時候，只要一抬頭就能收到我給她的微笑。晴朗的天空代表著我心情非常好，而陰天的小雨則說明我在默默的哭泣。在春天裡，把祝福系在腰間，悄悄地享受這份等待。

等你，等春天。等待春天，猶如故地重遊，眷念在心間徜徉，所有的思緒和著春風的旋律一道放下心來，穿過我手中的兩把木梳，慢慢地理，慢慢地順。等春天的你，等你的春天，世界彷彿在這一剎那變了模樣，雨無聲，風有色，花兒無淚，有人情。

等你，等春天。戀上春天溫柔的氣息，愛上在春天裡靜靜地等待。

等他

等他，等夏季。其實，六月的夏季並不總如腦海中驕陽似火的場景，他有他的低調與含蓄，也包含著他對過去的紀念與緬懷。夏季是適合再見的季節，六月裡有我們共同的紀念日。一同去追尋那段經歷了很久的日子，在夢幻般那一年中的六月，也在那個沒有喧囂的夏季，初中畢業時的我們哭了好久好久，雖然很早之前就已經開始期待這一刻了。夏季裡的中考讓我們忙得忽略了老校園裡的蟬鳴，忽略了沒有炎熱的樹蔭，倒不如那巷口納涼的老人，懷著乘涼的急切搬起小板凳，蹺起腿，擺著手裡邊的扇子，搖啊搖啊，搖得夏季永遠得到停留。

等他，等夏季。時光，如一場夢，輾轉了幾個世紀，輪回了幾度春秋。夏季裡快離別的心情是白色，像藤蔓一樣爬進每一個角落，容不得時間探進小腳丫，同桌多年的她一直這麼認為。夏季是一如以往的無憂，乘著夏季的風，去海邊拾貝，散落在沙灘上的貝殼小心地收藏祝福，海面上漂浮著的五彩的游泳圈，是夏季詩歌裡美麗的標點。有時在海浪起伏的下面能發現小小的漂流瓶，我們這個年齡的小孩，總會抬起頭先暢想一番，想像漂流瓶的來歷和瓶內收藏的心願，即使手中的玻璃瓶有可能是科學家們拋擲出來用來探究海體運動規律的小瓶，這就是屬於夏季歲月裡的遐想。

等他，等夏季。帶上在夏季裡遠離喧囂的等待，我們開始認知前方並不熟悉的羊腸小路。

等她

等她，等秋天。深沉的秋隱藏得讓人難以發現她的美。秋日黃昏，風中浮動著醉人的花香，只有風吹過葡萄藤的沙沙聲，她的臉上浮著幾許失落，因為自古文人好悲秋，悲秋傷懷，似乎是文言詩

詞常流露出的情意。哀秋的傷，歎她的美；憂秋天的凋零，愁她的尋覓無果。留一滴雨，許是淚，到天明。而我的等待卻不再寂寞，往往問題的結果會隨著一個人的態度而改變，就像百合與洋蔥。樂觀者笑著說洋蔥屬於百合科，而悲觀者卻固執地認為百合屬於洋蔥科。我與後者一起在消遣中等待緩緩收腳的深秋。

等她，等秋天。我在落葉滿地的水泥路上匆匆走過，和秋天真的是突然間的相遇，就猶如北島那首令我心醉的詩裡所描述的情景：

「世界小得像一條街的佈景，

我們相遇了

你點點頭

省略了所有的往事

省略了問候

……」

沉默著想到秋的沉默，徘徊著想到秋的寂寥，縱使火紅的楓葉能使剛剛來臨的秋天繼續著盛夏的奔放，我還是會常常流出淚來，即便在人群裡克制著，也總是無法抑制潮濕在眼眶裡滑過。就像秋天本應該這樣深邃，她本應該如此落寞。也許有時會改變得輕快些，但總是逃不出植物類型女子的輪廓。

等她，等秋天。深沉中見意蘊，失落中見真情。

等我

等我，等冬季。當我用伸出的暖和和的手掌迎接從天而降的冰晶時，我突然明白我在等待中又長了一歲。一年的時光在漫長的冬季被終結，而對所有的回憶，爸爸總愛說一句：「那……大約是在冬季。」夾雜著他那深厚的嗓音，身邊響起了與齊秦唯美風格不盡相同的旋律，簡單不過，卻感慨萬千。無論是在漫天無際的聖誕雪夜，還是在鞭炮連連的春節晚宴，我們都用厚厚的夾襖裏藏暖暖的

冬意。不知是自己在等待中醞釀許久的體溫，還是親友們來自四面八方的祝福使深冬的冰棱悄然消釋，這讓我們知道了什麼叫做潛移默化的改變。原來，一切都在冬季。一切都結束在冬季，一切又開始於冬季。

等我，等冬季。雪白的天空中飄下只言詞組。是我在冬季裡對自己訴說的秘密。

一轉身，在等待中不知不覺就過了這一年，季節從我的身邊擦身而過的時候，才明白，又一個年輪帶著快樂、傷感或別緒離開了，我才知道春花、夏雨、秋風、冬月已經脫離了我的指尖。我站立在時間走失的街道上、田埂邊、人生的場地上，惆悵、等待。

等你，等他，等她，等我。

等四季，生命裡的春夏秋冬。

人生是一種等待。

在等待中，度過春夏秋冬；在等待中，我們漸漸成長。作者由一個「等」字，將人生中的等待與四季連接起來，闡發了對人生的哲理思考。文章結構勻稱，語言優美，情感細膩。

楊燕

有你在，燈亮著

肖磊

江蘇省灌南高級中學二〇一二屆

靈動而不失沉穩，豪放又不失細膩，喜愛將文字驅遣於筆端，

夢想成為業餘作家。現就讀於天津大學。

你是一座高山，如此堅強；你是一縷陽光，如此明媚；你是我心中的一盞燈。

爸，有你在，我的心中會永遠溫暖而明亮著……

星期天，和父親一起收拾舊物，偶然看見了那輛黑色的，已經變了形的，帶杠的老式自行車。淚，像斷了線的珍珠，滴落在地上。

小時候，父親總是用這輛自行車送我去上學。沐浴著清晨燦爛的陽光，雙手緊緊地摟著父親的腰，頭貼在父親寬闊的背上，耳畔傳來的是「吱吱──吱吱──」的聲音，這是這輛自行車特有的音符。

有一段時間，父親來接我回家時，他身上總有一身的灰塵，顯得十分疲憊。回家的路上，伏在父親的背上，我好奇地問：「爸，你累麼？」車輕輕地晃了晃，而後恢復了平靜，良久，父親才輕輕地說道：「有你在，爸就不覺得累！」當時尚且年幼的我雖然並未理解父親說的這句話的意思，卻深深的把它記在腦海之中……

見我有些異常，父親端著杯飄著淡淡清香的茶走了過來，而後良久地凝視著這輛他曾騎過的自行車，好久才回過神來。

「那年，家裡經濟困難，為了多掙些錢，便去了鎮上的水泥廠

上班。雖然掙的錢比以前多了，可是卻吃盡了苦，每天都要扛上百包水泥，等到了下班，渾身都疼。可是，兒子，你知道嗎？是你坐在自行車後，每天陪著我說話，給我講你們學校發生的故事，不知怎的，有你在，我便覺得自己所受的苦，是值得的，有你在，我覺得騎車都是一件幸福的事兒……

蕎然回頭，看見父親眼眶裡閃著晶瑩的淚花，我低著頭，不讓父親看到此時已淚流滿面的我……

父親，你說是我在那段艱難的日子裡，給予你勇氣和力量，度過了那段時光。可是，父親，你知道嗎？你才是我心中的一盞燈，照亮了我前進的道路。你用你的汗水支撐起了這個家，為我創造了一個幸福的家庭；你才是我心中的一盞燈，有你在，我的心中會永遠溫暖而明亮著，有你在我不會放棄的，即使我已失敗過一次。我會擦乾眼淚，不斷奮鬥的！父親，等著吧，兒子不會讓你失望的！因為，我知道，有你在我的身旁。

夢中，又一次夢到了伏在父親的背上，聽著那「吱吱 —— 吱吱 —— 」特有的音樂……

作者的扣題能力是超強的，一開頭便點題，明確「你」和「燈」的替換物件，後面的對話和抒情更是雙向映照，深化主題，令人讚歎；其次，線索非常明晰，自行車的樂音貫穿始終，餘味無窮；最後，使文章豐滿的根本原因，還是動作、神態、語言描寫非常細膩傳神。

蔣遠兵

淡然處之

何曉莉

江蘇省贛榆高級中學二○○九屆
人淡如菊，卻有著無限情思。
二○○九年高考憑藉語文一百四十一分的高分順利進入北京大學。

我不愛西畫，因為那濃豔的色彩，總讓人心煩意亂；我不愛搖滾，因為那重金屬的強烈衝擊，讓人頭昏腦漲；我更不愛咖啡，那股濃郁，讓我興奮到忘乎所以。我只愛水墨，只愛古箏，只愛一壺清茗，雖沒有熱烈與濃郁，但那份淡然，足以讓我神醉。

物極必反，所以熱烈的愛可灼傷嬌嫩的花兒，汲汲的追求反會讓人迷失自我。不如用雲淡風輕的寧靜來看待一切吧。

淡然不是冷漠，不是頹廢，更不是怯懦軟弱的逃避。它只是將名利看輕，它只想幫你透過表像，去真正注意你在幹的事情。

兩千年的悉尼奧運會上，體操王子李小鵬像一隻美麗的天鵝，奪得了桂冠，但四年後，這隻天鵝卻重重地摔在地上，失敗了。面對鏡頭，他說：「要想成功，必須把它看淡，輕裝上陣。」又一個四年，他超過了自己，又一次登上了領獎臺。但這一次，他的笑容中少了幾分衝動，多了幾分淡然。那一刻，真正的王者誕生了，他不只有王者的實力，更有了王者的心態。淡然處之，那顆焦灼的心冷靜了下來，淡然處之，他已不再是榮譽的奴隸，他是真正的王者！我想，將名利看淡的李小鵬，更多地能看到體操本身的意義。

淡然是在擺脫了外物的羈絆後，對人生價值更高的追求。千金俸祿，萬畝良田，嵇康淡然處之。他擺擺衣袖，帶著竹林七子，回

歸山林，流觴曲水，飲酒賦詩，漁樵於江渚之上，侶明月而友清風。他不再為世俗羈絆，他用自己的高潔，追求著作為「人」的價值。千年之後，沒有人記得當年他曾是曹操的孫女婿，唯有一曲〈廣陵散〉響徹蒼穹。竹林中的打鐵聲依稀回蕩在耳畔，那個叫嵇康的鐵匠告訴我們：淡然處之，你的生命才會迸發出流光溢彩。

　　千年前的忠告到如今仍然受用。朋友，你可知道有多少人因貪戀錢財而毀了自己的一生？你可知道有多少人因太愛權力而搭上了身家性命？你見過史上有哪個「汲汲於名利，戚戚於貧賤」的人流芳百世？雖然我們無法像莊周那樣「羽化登仙」，無法像陶潛那樣超然物外，但請淡然處之，為心開一扇理性的窗戶，別讓狂熱吞噬生命之花。

作者的生活品味是淡雅的——愛水墨、愛古箏、愛清茗。這份淡雅中有著醇厚的傳統文化的精髓，更有著對人生獨到的生命體驗。從歷史到現在，人生都需要一份淡然，淡然中就能夠多幾分冷靜，這是一種對人生、對生命的深度審視。唯有這份淡然，才有了自我的超越，也才有了生命的不朽。

王經軍

生命有度

孫煒凱

江蘇省新海高級中學二〇一三屆
「陶冶性靈存底物，新詩改罷自長吟」。入鄉隨「雅」的自己，
常常沉醉在詩意的人生中不能自拔。現考入東南大學。

曾經有幸遊覽古城西安。當列車從鬱鬱蔥蔥的平原到荒涼一片的高坡。有人告訴我，這就是尺度的所在。

假如沒有適度的陽光，那麼花朵點綴大地的夢想將永遠埋葬在泥土中，倘若缺乏適度的磨煉，那麼雄鷹搏擊長空的夢想將長久隱遁於山林裡。

蒼蒼天涯，豈無凡塵瑣事紛擾於心，我心存尺規，茫茫人海，怎將社會集體拒之門外，我處之有度。

待人待物，保持一定的尺度，少了一分的疏遠，多了一分信任，少了一分誤會，多了一分和諧。這一點距離，是一塊美麗的璞玉，是一片繽紛的天堂，於紛塵亂世之中，依舊能做到如此的人，又有誰不愛呢？

英國首相邱吉爾能夠把握尺度，當德國戰車橫掃歐洲大陸之時，巧妙把握在俄國、美國之間的關係，做到共抗納粹。那位觀星空城的諸葛先生，同樣能在出使東吳之時，促成聯盟。不然，紅蓮業火可是輕易而就？縱觀歷史，看遍世界，那些偉人都能在待人待物時把握一個尺度，從而贏得一個有利的地位，為自己的未來鋪平道路。

「度」是智慧，是藝術。哲學家言：「無論黃昏時樹影有多長，

他總是和數根連在一起。」樹影不敢妄為，因為它懂得萬物皆有度，離開了度，它就等於離開了樹根，就失去了生命力。

相反的，不能夠把握尺度的人，又有什麼方法成就自己的事業？一個本該功業滿堂的生命卻註定在淒涼中慨歎。

文武兼備的稼軒用為國捐身的理想將生命燒至白熾，殺在戰場最前，走在國家最先，滿腔的熱忱卻因生命的失度而落得「把欄杆拍遍」後「可憐白髮生」的悲壯感歎。

稼軒活得太張揚，他的激進終為南宋所棄。如果當年的稼軒懂得韜光養晦，能夠在動亂中沉得住一腔熱血，也許，他那翻滾的理想便會撼動一朝天地，於此，後人感歎，生命有度，在於適時的隱藏。

極度張揚的生命無以永恆，生命有度，方可超越時空之限，在物欲肆流的紛繁中以溫潤如玉的姿態長久如一。

同樣，古訓云，水至清則無魚。

那位打虎的英雄，人們在欣賞他的俠義與豪放之時，不免對他的過分妒惡感到失落與歎惋。至於他的悲劇收場，也可謂是意料之中的了。

列車兩邊的荒蕪之景再一次浮現。與自己，堅守心中的度，珍惜自己擁有的所有。我的明天，不會因陽光氾濫而略顯貧瘠，不會因為過分憂傷而稍帶憂傷。把握心中的度，才是樂山樂水平常心的智者。

背上行囊，把握心中的度，隨我去旅行，到那太陽不會落下的地方。

磬南山之竹，書「處事有度」之利無窮；決東海之波，流「處事有度」之益難盡。英國首相邱吉爾，有節有度，共抗納粹；

觀星測相的諸葛亮，有節有度，促成聯盟。相反，文武兼備的稼軒，一腔熱血卻不懂韜光養晦，註定在淒涼中慨歎；打虎英雄武松，本該功業滿堂卻器量不足，終至悲劇收場。文章在自然轉合的結構中，舒張有度，開闔自然，令人深思。

清代李密庵在〈半半歌〉中唱道：「酒飲半酣正好，半開半吐偏妍。」「半」是一種適度，是一種既不越雷池一步又能隨心所欲的理想狀態。人生中，我們要像「飲酒」、「偏妍」般用「度」約束自己，而這「度」是中庸，是智慧，更是一種藝術，作者在遊覽古城西安的旅途中，有所感悟、有所思考，體現的是一個中學生難得的睿智精思。

王新霞

底氣

汪嘉偉

江蘇省南菁高級中學二〇一二屆
性謙和，喜思辨，好古風。喜好天文、哲學。
高中時為文好論理，又常隨思入筆，不欲落得尋常。現就讀於清華大學。

羅素說，教育的目的在於培養出具有活力、勇氣、敏感、智力的學生，即使要培養所謂「自由人」的教育。

勇氣與自由，竟被提到如此的高度，使原本隸屬於馬前走卒、林中野老的風袂，飄飄在我們眼前；而這二者所根植的是怎樣一種底氣，在千年的未覺後讓我們戰戰兢兢地相看。

你若論叔本華與尼采，必為這西方兩顆奇異的星驚異。區區一人，竟自信乃至狂妄到如此地步，簡直難以與謙遜、禮賢下士的中國人有一絲的相似。他們如此悖世情違事理的根據地又在哪兒呢？一個母親的不屑帶來的激勵，一個生日恰與國慶同期而油然的自豪，果真有如此的威力、可照映一生而不倦？端坐的中國人為家為國為天下，有多少沉甸甸的理由可以放棄自己的生命，何論自己區區一紙學說？

然而，他們生命的重心偏不在輿論的放逐與時代的洪流。因為，他們審視內心，閉目凝神，最後得出，那超我的影子正投在自己的心胸。他們只是牢牢地，用一生的重量，抓住了那個支點，將生命的長度化作力臂壓下。

他們的底氣，全不在外物，只深繫於心底，也因此而貫其一生不動搖；只是他們的底氣以一生作養料，於是奇葩異卉，自滋生

發。

你說他們是錯的麼？布魯諾在火刑架上，念叨的只是粗陋的日心說，可那是經過他頭腦思辨過的、他以為比地心說更然的真理；因為他的真理，他才無往而不勇，烈火熊熊又有什麼！

只是不經意間，又想起那個夜郎自大的故事來。從前倨傲至目中無人，後天朝大國來使，始自知小。據一故事新編，夜郎人此後由趾高氣揚而縮為逢人欠身，將行大禮。

大約他們得知了倨傲的「罪名」，將欲行屈己之禮來贖補過錯，至少也討些悔過自知之令名。只是，他們何以非拿國土疆域來衡量自己呢？先是自以疆土為最大，後又自以疆土為最小；小大之間，將每個人的底氣作成了土地的附屬，隨之一張一合、一尊一卑。

其實，底氣只在自心間。

有盲、聾與一健康人共渡懸橋。橋下澗水幽鳴，深不見底。後盲、聾人自渡，而健全人縮步以至顫巍。人天生並非必有根植心底的底氣。因此，羅素將勇氣列於四質之中；只是，也不希望是盲聾之勇吧。底氣自不在耳目，只在心間。

本文最大的亮點在於其睿智與嚴密。睿智，不僅僅體現在作者對西方哲人思想的熟知，更在於他對這些思想的認識。作者通過比較充分體現了叔本華與尼采對於生命、思想的關注，因而表現出了他們的「底氣」所在。接著又以一問「你說他們是錯的麼？」引出進一步論證。作者並不否認「錯」，但即便是錯，也有底氣，這就更強調了「底氣只在自心間」，這種主客觀因素的分析表現出一種思辨性。這種哲理性的思考，使得文章的內涵、深度都要高出一籌。可貴的是，作者又以兩個典故佐證

其觀點，既體現其積澱的廣度與思維的成熟，又體現其化高深為淺顯的功力，不可謂不令人折服。

張哲

聽話

朱璿

江蘇省興化中學二〇〇八屆

喜歡那些堅定但浪漫，沉穩而睿智的文字，欣賞那種文字所折射出的智慧與理性的光芒。現於香港大學攻讀碩士學位。

是夜，夜涼如水。

鬆開手中握牢的筆，合起那一本本繁瑣的作業，將那些方程式、文言文、單詞全都拋之腦後，莫名其妙，突然想起家來。若是現在能有一杯熱牛奶端來，能有一句「早點睡吧」的囑咐，那該多麼溫暖啊！

「月是故鄉明」，突然想看看早已忽視了的月亮，於是便打開窗戶，微微將頭探了出去，可令人失望的是，高樓大廈毫不留情地遮住了我的視野，如一座鋼筋水泥築成的牢房，將我緊緊囚住，此時此刻，這是一種多麼壓抑的感受，多麼想聽一聽爸媽的那些溫暖的「嘮叨」。

「到了城裡，先去把學費交了，弄丟了可就麻煩了，已經高三了，學習要更加自覺，要聽老師的話，不懂的就多問，冷暖自己要把握，別生病了，要聽話，知道嗎……」「別煩了，都說了幾十次了，你不累我都聽累了。」我不耐煩地應付著母親。

這是剛開學時，母親送我去車站時的一段對話。不知是否已成一種定律，那些我們所擁有的東西，我們總不知珍惜，每每唯有失去之時，才後悔莫及，想想當時對母親的厭煩，萬般思緒集上心頭。

「聽話」，伏在案頭的我多麼想聽聽家人的話呀，哪怕一句也成！即使是他們的責備，現在回想起來，依舊充滿關心與體貼。困在這冷僻的「牢房」，被學業壓得喘不過氣來的我，想聽卻無人語。

每天在這喧囂的大城市中來回穿梭，有一些「話」卻讓我又感到如此無奈，那是社區的住戶們為爭奪車位的嚷罵聲，那是大街上永不停息的汽車的鳴笛聲，那是小市民們為著一些雞毛蒜皮的吵鬧聲……這些「話」讓大城市特有的冷漠在肆意傳播，每天上演著人與人之間的猜忌，不信任，漠不關心……

「嘿，吃過了嗎？」很想念這種鄉親們每天打招呼的方式，可在這裡，我聽不到，同一社區中，鄰居間互不相識的狀況更令人吃驚，若干年後，當城市生活蔓延到世界每一個角落，該是怎樣一幅情景？

夜深了，涼意也漸漸襲來，不禁拿起手機，撥通了家裡的電話，或許，僅僅是想聽聽他們的話……

文章的開頭結尾，語言極其簡潔，但又含有豐富的意蘊。「是夜，夜涼如水」，這兒的「涼」固然是夜色涼、月色涼，當然也有來到城裡讀書遠離家鄉和親人的內心的傷感，還有感受不到父母關懷的淒涼，也有對城裡人與人隔膜的不滿，簡短的開頭，給全文奠定了感情基調，使全文籠上了一層憂傷的氛圍。「夜深了，涼意也漸漸襲來」，這裡的「涼」，更多的是要表現自己想到家鄉淳樸人情、想到父母關懷後的「暖」，從而突出了主題。

曹伯高

注釋

馮雁鴻

江蘇省徐州高級中學二〇一二屆

女，摩羯座，經常故作老成地思考人生，盡力保持淡定，偶而糾結。

喜歡低調低調再低調的生活。現就讀於武漢大學外國語言文學學院。

　　周曉楓說：「我們謂之廣大的世界，不過是神鋪在桌面上的一張地圖。」無論科技怎樣發達，人類在蒼茫世界面前總是渺小的，我們需要一些注釋，來認識自己，瞭解世界，感悟生命。

　　書本中的注釋讓我們理解詰屈聱牙的文字，生命中的注釋讓我們明白與眾不同的人生。說過的每一句話，走出的每一步路都是對生命的注釋，生命的注釋就是生活的經驗，就是心靈的感悟。

　　在信仰面前，生與死、成與敗都無關緊要。而信仰，就是生命最為準確的注釋。

　　辛棄疾馬革裹屍、沙場點兵的豪邁是一種人生；陶淵明「采菊東籬下，悠然見南山」的淡泊也是一種人生。不同的人對生命會有不同的注釋。人們總是拿屈原不同流合污的死與司馬遷忍辱負重的活比較，卻總也分不出高下優劣來。因為他們都在用行動為信仰做最精彩的注釋。

　　人終其一生，寫成了「人生」這本書，完成了對自己生命的注釋，留給後人去閱讀。老人總是語重心長地傳授給子孫人生經驗，而年輕人卻總是不耐煩，急於尋找屬於自己的注釋。年輕人在跌跌撞撞之後明白應該聽聽老人的教誨，老人也明白跌跌撞撞才是年輕。積累經驗，不斷總結，為自己的生命注釋的過程就是成長，成

長是一件與年齡無關的事。

生命的注釋有時來源於他人，站在前人的肩膀上，你將看得更遠，翻閱前人生命的注釋，你將更好地領悟生命的真諦。項羽的人生注釋了什麼是霸氣，李清照的人生注釋了什麼是剛柔並濟，瞿秋白的人生注釋了什麼是捨身成仁……

先賢們的人生告訴你怎樣為生命注釋才更準確。

生命的注釋更源於自己。生命是屬於自己的，你想讓你的生命怎樣度過？前人會告訴你，「一個人的生命應當這樣度過……」，你要告訴自己，「我的生命應該活出我自己的印記。」對生命的注釋是經歷順逆後的一次頓悟；是翻閱前人的注釋後，自己內心的一份領悟；是源自本心對生命的一種感悟。

經歷過的一切告訴你怎樣為生命注釋才更精彩。

讀一讀歷史，看看別人的注釋，給自己以深厚積澱。品一品現在，走好人生這條路，寫好人生這本書，給自己的生命一個準確而精彩的注釋。

作者開篇便把人類的渺小、脆弱、茫然展露無遺。這讓我們又回歸到那個經典的哲學命題：我是誰？我來自哪裡？我要到哪裡去？對這三個問題的回答就是我們給生命做注釋的過程。

作者給了屈原的死與司馬遷的活以哲學式的解答：在信仰面前，生死變得不再重要。沒有信仰，生亦是死；堅守信仰，死亦是生。

作者還冷靜辯證地承認：生命的注釋不僅來源於自己，有時也來源於他人。

「先賢們的人生告訴你怎樣為生命注釋才更準確……經歷過的一切告訴你怎樣為生命注釋才更精彩。」這對人生是一種全面

而又智慧的認識，有個性又不失穩重。

錢駿

CHAPTER 07

論證結構

形正則氣順
——談談議論文的論證結構

江蘇省連雲港高級中學 董彥君
江蘇省新海高級中學 張永慶

（董彥君：江蘇省中學語文高級教師，江蘇省首屆基本功大賽高中組第一名；
張永慶：江蘇省中學語文高級教師，江蘇省中學語文優質課評比一等獎獲得者）

文如人，形正則氣順。人，只有做到形體端正，氣血運行才能暢通調達，功能才能保證正常功能異常。文亦如此，結構嚴謹規範，思路才能清晰順暢。

任何文章的內容安排都要遵循一定的思維規律，這種思維規律反映在文章的外部形態上，就是具有一定體式的文章的結構。議論文的結構應該嚴密、完整、規範。而實際上大多數考生寫議論文最嚴重、最普遍的問題，就是缺乏論證結構意識，比如有許多考生寫的議論文是這樣的：開頭不明確具體地提出論點，中間只列舉幾個事例，而不分析，更沒有分論點；甚至在列舉事例時，還出現了大量的對話和心理描寫。

這樣的「議論文」根本就不是議論文，因為它不合議論文的「體」。那麼，怎樣寫議論文才算「合體」呢彝議論文又叫說理文，合體的議論文應該觀點明確、論據充分，論證過程尤其要體現嚴密的邏輯性。而這種邏輯性主要體現在句子與句子、段落與段落之間非常清楚的邏輯關係上。舉個簡單的例子，一篇以「誠信」為題的議論文，既可以寫「誠信是什麼」又可以寫「為什麼要誠信」，還可以寫「怎樣誠信」。但是，如果文章開頭提出的論點是「幹什麼事都要誠信」，按邏輯思路，接下來的論證就應該主要圍繞「為什麼要誠信」來展開，即誠信的重要性，或

者誠信能夠帶來的好結果；而不是「誠信是什麼」或者「怎樣誠信」。所以說寫好一篇議論文，關鍵是內容的安排要有嚴密的邏輯性。

內容安排要富有邏輯效果。在論點與論據的安排中展開論證，是議論文寫作的重要環節。安排得好，不但思路順暢，層次分明，而且富有邏輯說服力；相反，不但思路滯澀，層次不清，而且缺乏邏輯說服力。那麼，如何富有邏輯地安排論點論據，並展開論證呢？

一、議論文的基本特點在於它的「說服性」。葉聖陶說：「議論文以『說服他人』為成功。」這正說明了議論文的基本特點。所以說議論文不但要論說對某一議論物件的見解，表示作者的態度，而且要闡明為什麼提出這種見解，為什麼抱這種態度。這個闡述「為什麼」的過程，就是證明的過程。根據一般思維模式，議論文的寫作就應當是按照「提出問題、分析問題、解決問題」（或曰「引論、本論、結論」）的次序展開。

「提出問題」就是指在議論文開頭一般要鮮明地提出中心論點，「分析問題」就是指在文章的中間要圍繞中心論點展開分析論證，「解決問題」就是指在文章的結尾部分或者得出綜合性結論，或者提出前瞻性希望等。

總之，議論文不分長短，皆須具有論題、論點、論據、論證幾個要素。只有這些要素緊密地結合在一起，才能完成證明任務。

二、議論文寫作的難點在於分析問題即本論部分，這一部分必須按一定的層次展開論述。因為一般的論題都可以從「是什麼」、「為什麼」和「怎麼辦」三個角度去分析。

所以有的同學就喜歡在一篇文章中兼顧這三個角度，而這樣寫成的文章往往會言之無物。為什麼呢？八百字的文章去掉首尾三百字，再分成「是什麼」、「為什麼」和「怎麼辦」三部分，每一部分只有不足兩百字，怎麼能把一個問題分析透徹呢？所以在一般情況下，一篇八百字左右的議論文的本論部分只要從這三個角度中選擇一個角度展開即可。

有的同學可能會感歎從一個角度去分析，往往打不開思路，寫不足八百字，這又該怎麼辦呢？

其實拓展議論思路的方法有多種，比如可以將事物進行劃分，展現出多個角度，使抽象的論題具體化。例如〈談理想〉一文，作者就把「理想」作分類：按不同時代可分成，追求功名、光祖耀宗的反映封建意識的理想；個人致富、成名成家、追求個人興業的資本主義式理想；把畢生精力獻給祖國、為群眾謀福利、為四化盡力的社會、主義的理想。按不同目的可分成，為個人或少效人利益而奮鬥的理想，為國家民族利益，最終為實現共產主義的理想。按對待理想的不同態度和實現手段可分成幾類情況，有的十年寒窗，孜孜攻讀，陷入科舉制度的羅網，有的爾虞我詐，互相傾軋，暴露出投機掠奪的本性；有的無所事事，做一天和尚撞一天鐘，甘為庸人；而許多人卻是努力學習，盡職盡能，勝不驕、敗不餒，團結他人，共同奮鬥。

當然拓展議論思路最有效又簡單的做法還是設置分論點。有了分論點就可以把一個問題分析透徹了，不過這幾則分論點之間還是要形成一定的關係。一般來說有並列式、遞進式、對照式和總分式四種關係。

在論證過程中，文章的幾個層次，段落之間的關係是平行的，就是並列式。這是經常使用的一種結構方式。寫作時，根據需要，並列關係的順序安排可以調整，但是應該考慮並列關係的幾個方面的輕重程度及其相互關係。一般地說，應把最重要的放在最前面。當然，有時幾個並列的方面並沒有程度的差別，安排順序時只要符合一般的思維習慣就可以，不一定有嚴格的次序。從形式上說，為了使讀者一目了然，幾個並列的層次或段落，可以在前面標以「第一」、「第二」或「首先」、「其次」等。

比如二〇一三年高考湖北卷標杆作文〈請讓自己「水」一點〉，文中設置了三個分論點：1.「讓自己『水』一點，要懂得涉獵廣泛。」2.「讓

自己『水』一點，要懂得低調，要厚積薄發。」3.「讓自己『水』一點，我們還要堅守自己的原則。」這三個分論點之間就是並列關係。

再比如二○一二年高考江蘇卷滿分作文〈穩中求勝〉，就是一篇「規範」的議論文。文章在亮出中心論點「為人沉穩，穩中求勝」之後，便從三個方面展開了充分的論述：「沉穩從志而來，沉穩從難而來，沉穩從無欲而來」。但是這並列的三個分論點，並非在同一平面上展開，而是具有「輕重關係」的。所以它們之間的順序就不可以自由調換。

在論證中，把兩種事物（或意思）加以對比，或者是用另一種事物（或意思）來烘托某一種事物（或意思），就是對照式。運用對照式，目的是通過兩個方面的對照，突出說明其中一個方面的正確性，因此，寫作中往往是對一個方面用墨多些，作為論述的重點，另一方面卻起烘托、陪襯的作用。

比如二○一三年廣東高考優秀作文〈當慈善遭遇傲骨〉，文章先寫施善方式，以一反一正兩個例證闡釋說明何為正確的捐助方式。相較於陳游標，微塵團體的行善不是傷害而是維護了受助者的尊嚴。文章接著分析受捐心態，依然採取一反一正兩個例證進行論述，文章指出，意氣用事，盲目拒絕，並不代表所謂尊嚴、傲骨，正確方式是像受助者黃中天那樣，用自己的善意回報社會。

文章各層次之間是層層深入、步步推進的關係，各層的前後順序有嚴格要求，不能隨意改動，這就是層進式的結構。為了使文章富於說服力，又容易被人接受，我們寫議論文時常常按照由淺入深、由簡單到複雜、由具體到抽象或由抽象到具體，由讀者熟悉的到讀者不熟悉的層進順序展開論述。

比如二○一三年廣東高考優秀作文〈慈善需行之有道〉，文中設置了三個分論點：1.慈善，不僅僅是助人，更重要的是「省人」。2.慈善還需以適應受者的心理的方式施行。3.除了要在施行慈善時注入關懷，又

以合適的方式施行之外，施行慈善還必須行之得處。這三個分論點之間是有層進關係的，段落先後順序也是不能顛倒的。再比如二〇一三年江蘇高考優秀作文〈一葉知秋〉：1.「注重細節需要有如『塵』的心思。」2.「心思如『塵』，不僅需要『憐蛾不點燈』的大度與包容，還需要我們有觸動事物核心的敏感。」3.「行禮，為了遠方的美」。4.「不要走得太近，驚走了沉眠的美。」5.「然而很多人是不懂得美的，甚至出於愛美之心摧殘了它。」6.「為什麼我們會陷入這反復傷害的輪回？只因走得太近，抓得太緊，不懂得保持一段距離。」7.「即使如此，我們仍應懂得適度地保持距離，保持對美的尊重。」8.「所以我小心翼翼，唯恐驚走潛藏的美。」論述結構嚴謹，思路清晰，層層推進。

論證的層次之間，是總說和分說的關係，就是總分式的論證結構。有時是先總說後分說，有時是先分說後總說，也有時是先總說，後分說，最後再總說。

比如：二〇一三年廣東高考優秀作文〈點亮萬家燈火〉，文中首先提出「一家拒絕，以為是施捨──這是戒。一家猶豫，聲明要償還──這是慮。一家欣然，感激地接受──這是善。」這一總論點，然後分別指出：1.「戒者，乃戒心、戒備，實在要不得」2.「慮者，乃憂慮、焦慮，也非為上策」3.「善者，受於外物，發於內心。接受善意，明白他人的好；學會感激，點亮自己的心」，最後又總結：「唯有善者，不設無味戒備，不思多餘念想，懂得接受，也該是會樂於分享。」當然，寫議論文時，往往並不是單純採取單一的論證結構方式，而是綜合運用幾種方式，至於採用哪種結構方式，首先取決於內容的需要。畢竟內容決定形式嘛。

最後不得不提，當前語文教學界彌漫著這樣一種錯誤的認識，即高考往往要求文體自選，所以何必要死守一種體例去寫作呢？其實文體自選並不等於文體不清，既然選擇了寫議論文，你就要寫成像樣的議論

文，要想把議論文寫得好，首先要寫得規範。我們不能把這種規範看成是一種束縛，正確地選擇一種或幾種適合內容要求的結構方式只是為了更好地講透道理。所以說論證結構不是花樣，更不是擺設，而是必需。結構嚴謹，思路方可清晰，正如人，形正才能氣順。

不懼他人眼光，只為自我理想

劉麗娜

江蘇省南菁高級中學二〇一三屆
身在理科，卻常常爆發語文的小宇宙；為數理化而奮鬥著，
卻會偷偷背幾首納蘭詞；習慣於用理性思維解題，卻容易感性思考人生；
時而安靜，時而瘋癲。現考入南京大學。

陸機在《文賦》中說：「石韞玉而山輝，水懷珠而川媚。」

有才幹之人，終能有施展之地，有難隱之輝。既如此，去在乎選擇一片沃土抑或是一片荒蕪做什麼？能抒淩雲之志便是理想，我們可以不懼他人質疑批駁的目光。

周國平曾說：「得活出個味兒。」

味兒在哪？是他人給你的期望、設定？然後你再眾望所歸地循著他們的意思走你自己的人生？我相信這樣的味終究如同嚼蠟般乾枯。真正的味兒在於自己有理想的展望，敢於突破眾人之所想，敢於無視社會之質疑，只為實現自己的抱負。個中會有困難與苦痛，但這樣的堅持會給逐夢者帶來真正的滿足感與欣慰。

馬寅初曾提出《新人口論》，卻被康生、陳伯達等人扭曲，接著煽動起了大範圍的反抗活動。眾人均以來勢洶洶的姿態抵禦、質疑甚至批駁馬寅初先生。但他的話語卻擲地有聲：「我對我的理論有相當的把握，不能不堅持，學術的尊嚴不能不維護！」他堅信自己對於中國人口現狀的分析與預測，於是敢於「單槍匹馬」出來應戰。為了他心中學術那不可侵犯的光亮，為了自己所堅持的對於祖國的理想，即使處眾人言語的風口浪尖，被眾人投以敵對的目光，也無所畏懼。

其實，秦玥飛也好，或是馬寅初也好，又有什麼不同？

秦玥飛可以不顧「耶魯大學畢業生」這個閃光的頭銜，可以正視別人對他動機的質疑去踐行自己「更好地瞭解基層和百姓、更好地瞭解自己」的目標，不也同馬寅初先生一樣為著自己的理想目標而堅守著嗎？

縱觀歷史長河，魯迅可以不顧被視作異端而執意握起如利刃般的筆；郭沫若可以突破溫柔敦厚的中國古典文風，在文壇激盪出動人心魄的《天狗》……他們沒有被眾人目光所束縛，只是為了心中的渴望與自由喊出了自己的聲音，也因而成就了時代的強音。

反觀我們自身，又有多少人是為了他人而活著？沒有自己的堅持，沒有自己的理想，那麼我們也終究只能生活在他人的目光之下，成為芸芸眾生中的蜉蝣了。

外面可以是車馬喧囂，我也依舊可以在心裡修籬種菊；世界可以濤聲不息，我自在蓬下安守一份午憩的寧靜。世人的眼光我不在乎，我有自己的理想與堅持，我可以驕傲地立於質疑聲中，活出我的瀟灑恣意！

文章開頭通過引陸機名句托出自己的中心觀點，馬上又巧妙一轉，提到了周國平的「得活出個味兒」，看似閒筆，卻是作者匠心獨運之所在。厘清人生之味，恰是為了更好地表明自己的觀點態度：不懼他人眼光，只為自我理想。接著，舉了馬寅初先生一例，回避了直愣愣、單調地演說材料中的人物秦玥飛。之後，又舉到魯迅、郭沫若等歷史人物事例，跟前文例證結合著看，有詳有略，疏密有致。然後，用「反觀」二字又回到了現實，「我們」中的多數人沒有堅持、沒有理想，成了反例，

可謂切中時弊。最後，用詩意的語言來明志，柔情之中自有錚錚傲骨！全文的論證結構可謂精巧之極！

胡潔

氣象

陸熠錯

江蘇省梁豐高級中學二〇一三屆
才華橫溢，思維敏捷。以書為伴，以筆為友，用文字揮灑自己的青春。
現考入成都電子科技大學。

　　隨著經濟的快速發展，國人似乎變得越來越有錢了，出手闊綽，很有些大佬氣象。婚宴一擺成百桌，冥宅動輒數十萬；拉斐一杯一杯地幹，喝啤酒似的，奢侈品一打一打地買，白撿一般；換一塊高速路牌出手就是一萬多，拍五分鐘宣傳片張口就是一千八百五十萬……總以為排場大，氣象就大，面子就足。遺憾的是這氣象似乎大得過了頭，一不小心，走到了反面。闊佬氣象大了，相應的嗓門也大了，公共場所高聲大氣旁若無人；更可怕的是脾氣也大了，動輒怒目相向，甚至肌體衝突。前不久不就有國人在飛機上大打出手，讓人家瑞航班機無奈中途返航、耽誤了百餘人的出行嗎？因了這氣象，走出國門後，我們常常成為讓人敬而遠之的對象。大排場，大氣象，結果沒能撐出大面子。這，很值得我們深思。

　　細究國人心理，就會發現這種「氣象」情結是有歷史淵源的。

　　中華民族綿延數千年，其文化無論是文學藝術還是科學技術都曾一度遙遙領先於世界，使我們滋長了無比的優越感，自豪感，自視為「天朝上邦」。「蠻」、「夷」、「狄」、「胡」之類帶有歧視性的稱謂就是在那極度優越的心態下創造出來的。我們在這種自大心理中浸潤沉湎，直至沉淪。當代表世界最新潮流的西方國家派來使臣談判通商時，這個業已老態龍鍾的王朝卻還躺在「大國氣象」的溫

床上表現著「天朝大國無所不有」的傲慢呢。隨著政治一天天腐敗，國力一天天衰弱，封建統治者的長矛再也護不住「天朝」的臉面了。國門被列強的大炮洞開，「天朝」被一腳踢出了強國方陣，大國氣象一掃而空。但是，我們即使失去了做強國的資本，那種氣象情結卻依然根深蒂固：咱也曾闊過，說什麼也不能脫了長衫喝酒！從清統治者的「寧贈外邦，不予家奴」，到魯迅筆下諷刺的「發揚國光」，莫不如此。雖不免「賣國」之嫌，但一可見出富有，二可體現「大度」啊！追根溯源，今天的揮霍炫富，又何嘗不含有拿錢買人羨慕，試圖重新體驗失落已久的「氣象」的因素呢？

　　國人氣象情結的根深蒂固，其癥結並不在於歷史上的輝煌抑或失意，真正原因可能是對「氣象」的本質的錯誤理解。何為「氣象」？從字面上看，「氣」是指氣質，屬於內在修為。而「象」是指形象，屬於外表。這就是古人所說的內氣而外象。「氣」位「象」之先，從構詞的先後方式也能大致體察到古人內為本，外為末，重氣而輕象的命意。想必大家都熟悉曹操代人捉刀的故事，匈奴使者為何能一眼就看出身材短小的曹操才是真豪傑而不是長相俊美的崔琰呢？這無疑是曹操精神上透露出來的非凡氣質洩露了天機。可見一個真正具有大氣象的人，必是憑胸中那股英豪之氣而卓立於常人間的。自古以來，凡有識之士都執著於內美的追求。孟子所養之「浩然之氣」，文天祥所守之民族「正氣」；杜甫「大庇天下寒士」的自我犧牲，林則徐「有容」「無欲」的山海情懷……成就了他們卓越的大氣象。可是，隨著時間推移，人們漸漸忘記了這些前輩人傑的「養氣」之術，只重其象而不重其氣，背本趨末，殊不知皮之不存，毛將焉附？雖然京劇中也有英雄臉譜之類，但為何紅臉代表忠義而黑臉代表正義？還不是源於對關公赤膽忠腸與包拯凜然正氣的崇拜。由此可見，氣不僅比象重要，氣亦可以生象啊！所以無論在哪一種氣象中，氣都是主導，氣足了，象也就隨之而來了。

人如此，國亦如此。一個真正強大的國家是不屑於粉飾太平欺世惑眾的，因為任何粉飾都不過是海市蜃樓一樣的泡影幻象。大唐王朝之所以成就了盛世氣象，並不僅僅因為它擁有強大的經濟軍事方面的實力，更重要的是因為它有著深厚的文化，開放的精神，包容的胸襟。不拒一切外來文化，拿來，為我所用。宋代就不同了。其經濟發展、城市建設可能甚於唐代，但除了供揮霍外，就只有用來「求和」了。真金白銀，大把地送出去，最終也沒有送出一個「大宋氣象」來。到了可憐的南宋就更不用說了，只剩下「象」，一點「氣」都沒有了。有人曾說過：一個強國的誕生，必是經濟和文化雙重燦爛的產物。我說，一個真正的「大國」氣象，必是外在與內在的完美結合。回顧中國改革開放的歷程，我們可以清楚地看到，中國正在試圖重修這個國家的尊嚴氣象。經過二十多年的努力，一個強國之「象」已初步形成，但強國之「氣」尚待涵養。我們的GDP雖然增速很快，但民主法制的建設、國民素質的打造，換言之，國家文化軟實力的培育還遠遠跟不上。而這恰恰是成就強國氣象的命脈所在，基礎所在。沒有這個「軟實力」，永遠也成不了大氣象。

　　但我們不悲觀。國家已經充分認識到軟實力的重要性，正全力加快文化產業建設的步伐。隨著政策的不斷深入人心，重「象」而輕「氣」的現象將逐漸失去市場。因而，我們有理由相信：即使現在強國氣象還比較單薄，那也是一幅畫在熱氣球上的宏偉藍圖，當熾熱的氣體被注入時，夢想就會起飛，去追尋它所嚮往的大國氣象。

　　作者開篇先展現了當前國人表現出來的出手闊綽排場大的所謂「大氣象」，再從歷史中尋答案，指出這種氣象來自於曾一度

遙遙領先於世界而滋長的無比的優越感，即使後來失去了做強國的資本，那種氣象情結卻依然根深蒂固，而如今的炫富，或許正是試圖重新體驗失落已久的「大氣象」。

接著指出國人表現出「大氣象」根本原因在於對氣象的誤解，指出所謂氣象，當先有「內在正氣」方能外顯為「象」，聯繫國家發展，指出還當涵養「強國之氣」，追尋大國氣象。文章因象入理，層層分析，結構嚴謹，思考深入，體現了作者對時代對國家的擔當。

周傑

人之初

夏會豔

江蘇省新海高級中學二〇〇九屆
普普通通，簡簡單單，努力做好當下，不忘關注未來。
在探索未知的路上，不曾停留。獲浙江大學工學學士學位，
現於浙江大學攻讀管理學碩士。

一個人從誕生起就在與環境的不斷磨合中成長。出生的嬰兒沒有思想，雖然似乎有那麼些心電感應，那也僅限於和朝夕相處的父母之間，且我們不難聽到這樣的例子，孤兒被好心人收養，直到成年被告知真相，也還不願相信自己並非父母親生。所以我想，初生兒是沒有善惡之分的，它們的大腦大概是人類最原始的地方。

我們的祖先早已指出，人的善與惡是環境培養成的，從嬰兒時期的混沌，到擁有自己的善惡標準，我們在這個成長的過程中不斷受到來自父母和社會的教導：這是能做的，這是不能做的，這是好的，這是壞的……我們做了一件事，受了表揚，便以為它善；遭了批評，便以之為惡。我們從小就在善惡思想的渲染中，養成了和周遭環境相同的主流價值觀。

但人類現在通用的善惡標準是從哪裡來的呢？縱觀歷史我們不難發現，人類在不斷的與自然、與人、與動物共存的鬥爭中，逐漸向著有利於自身的方向上樹立著善與惡的思想觀念。比如洪水毀物，它惡；雨露澤我，它善；他人傷我是惡，其人助我為善；一個物品能為我所用就是好的，妨礙我就是不好的。而這種標準也在隨著社會的變化而改變，就像建國初期的伐木英雄，如今痛感當日惡行，成了植樹標兵。

經過數千年的文化積澱，這種善惡的初級分辨逐漸演化成一種社會氛圍，與其說那種善惡植根於嬰兒的大腦，不如說這種意識流傳於人類世世代代的關係紐帶中，人類在口口相傳中將善惡的標準傳承下來。

　　人之初本無善惡，在生存中逐漸形成了利我主義的思想，而又隨著整個社會的進步形成了家、國、天下的大情結。思想和科技一樣站在前一代高度上發展，所以新生的一代總會比前輩們在總體上更加複雜多樣，社會亦愈來愈向整體的最大福利發展，而思想的巨人的誕生則有關社會的側重、個人的傾向。

　　回顧歷史，我們驚奇地發現，在人倫物理方面，先人們的思想的高尚性早已勝於我輩，因其純粹和接近原始，我們只需結合一下實際，抓住那些本質的道理，真理或是成功的大門便會毫無保留地敞開。今天的智者們關注許多極大或者極小的東西，而忽視了對人安身立命的本質的思考。是先人們的論述已經完善，還是世界的兩極更趨於人類本身？

　　雖說人的成長與周圍人文環境關係莫大，但並非善生善，惡生惡，認得價值與道德取向還在於周圍人對他的態度、與他交流的方式。比如宋青書，其父凶悍，其人無能卻恃寵而驕，鍾情周芷若受冷落而心有餘憤便易受奸人挑唆，所以正氣武當才出了一個叛徒。

　　小說裡、電視裡的惡人很多而且極端，但現實生活中惡人極少，尤其難見到惡到極致的人，因為受了社會底蘊感染的人大都內心深藏著一種對和平、安定、幸福生活的嚮往。大惡往往是由於心理受了某種過度刺激造成的，比如馬加爵的自卑之心。那些臭名昭著的「戰爭狂」也大都出自變態扭曲的童年。

　　現實中雖少見大惡，而小惡——人們日常中的小缺陷、小壞習慣，多數是父母不知不覺中的影響，或者曾經的困窘生活所迫。

　　沒有人的思想是天生好或者壞的，一個人心理成長全在於他人

的對待方式。我相信全世界的嬰兒如果受到一樣的教育、相同的對待——公平、正義、勇敢、頑強與博愛，未來的世界一定是無限光明。將來的地球人會成為宇宙中最耀眼的明星，因為他們每個人都各司其職，都友愛、互相扶持，智力上的差別全都平在了奉獻當中。那個時候的我們，也許可以更加瞭解宇宙本質的秘密。

本文作者切合自身的成長體驗，對人性進行了較為深刻的體悟與思索，有自己獨到的見解，閃耀著思維的火花和思考的光芒，充滿理性的哲思和濃郁的人文情懷。同時，作者在文中也對現實中「馬加爵」等現象進行了剖析，流露出自己對「和平、安定、幸福」生活的肯定與嚮往，以及對「公平、正義、勇敢、頑強與博愛」的追求與禮贊，寄寓了「每個人都各司其職，都友愛、互相扶持，智力上的差別全都平在了奉獻當中」的美好願望。魯迅先生曾說，「一條小溪，明澈見底，即使淺吧，但是卻淺得清澈。」何況，本文作者還有充滿理性與人文情懷的深刻思考。

吳海軍

「度」好一生

王慧敏

江蘇省贛榆高級中學二〇〇九屆

聰慧而機敏，在高考最緊張的日子中依然保持著淡定從容。

現就讀於清華大學。

人生似一朵嬌羞初綻的花兒，不管不問的冷漠帶給花一生的寂寞，過度熱烈的愛又帶來它「紅顏薄命」過早夭折的厄運。

人生似一把古色古香的琴，過少的撫弄帶來空惹塵埃的淒涼，力彈強音又使它永遠失去了演奏華章的可能。

或許，「遠觀而不可褻玩」才是讓花芳華一生的秘訣，「由器定曲」才是弄琴的精妙所在。運用「度」的智慧，終於收穫了人生的美麗。

「度」是我們行為的智慧，是「君子有所忍有所不忍」的正確取捨，是對自己的掌控，對魯莽的拒絕。韓信心中有一把「度」的尺規，故其能忍胯下之辱，不逞匹夫之勇，但他不忍一生的庸碌，故馳騁於殺場，成就偉業。「度」讓他保住了以後雄起的資本，「度」也成為他不懈奮鬥的動力。從他身上，既有「小不忍而亂大謀」的沉穩剛健，又有蓄勢待發的鐵血士氣！有「忍」與「不忍」的尺度把握，我們終於見證「韓信點兵，多多益善」。

把握好度，既反對一味退讓的卑躬妥協，又要避免分毫不讓的鋒芒畢露；把握好度，既要反對不顧人格的背叛與屈服，又要避免固守自我、不懂變通與適應的冥頑不靈。把握好「度」，要有包寬他人的胸懷，也要有堅守原則的正氣；把握好「度」，要有敢於批

叛的勇氣，也要有尊重他人的起碼教養。

「度」指導人生，這不是一句空話，讓「度」真正地融入生活，仍需我們用理智戰勝情感的努力。否則，為何會出現父母呵護下的孩子的不堪一擊？殊不知，生命需要清和如縷的晨昏，亦需雨露多變的四季，「愛」前加上了「溺」，愛就是害了。否則，為何會出現患者家屬毆打醫護人員的紛爭？喪子喪女之痛可以理解，但發洩無度，多方的傷害真的可以喚回那條活生生的生命嗎？道德的尺度，行為的尺度不要只活在我們心裡，更多的時候應該讓它們走出來，陪我們真正有效地指導自己，指導生活。

度過一生，不如「度」好一生，讓我們一生「度」好。因為有了「度」——人生如花，綻放出一生的美麗；人生如琴，彈奏出一生的精彩。

「度」，是真正通達的智慧。

對「度」有一種辯證的認識，理性的分析。「度」滲透在生活的方方面面，影響著人的一生發展。本文首先明確觀點「運用『度』的智慧」，才能「收穫人生的美麗」；繼而以韓信為例，證明把握好「度」對人生的重要意義；接著闡述如何把握好「度」，強調「把握好『度』，要有包寬他人的胸懷，也要有堅守原則的正氣；把握好『度』，要有敢於批判的勇氣，也要有尊重他人的起碼教養。」最後，聯繫現實，說明把握好「度」的重要意義。

王經軍

隨

朱霽康

江蘇省如皋中學二〇一二屆
愛音樂，愛生活，也愛在文學的風裡邀遊。
現就讀於上海交通大學。

　　日本人小林一茶有首俳句：「不要打哪，蒼蠅搓他的手，搓他的腳呢。」這可謂一種隨和之靜，如細水流長，潤物無聲。若是放在當下社會，恐怕這只蒼蠅早就被哪只電蚊拍冷不丁給電死了。

　　這因此折射出我們社會一種浮躁的心態，也反映了我們亟需一種隨和的待人處世之道。

　　「飯蔬食飲水，曲肱而枕之，樂亦在其中矣。不義而富且貴，於我如浮雲。」先哲的諄諄告誡時刻在提醒我們，「隨」之深意即在於不為外界所干擾，「勿使外憂勞其心」也。錢鍾書和楊絳夫婦在牛棚中接受「勞動改造」時，依然以一種隨和的心態面對現實。返城的人員名單裡沒有他們，他們也照樣地把日子過下來了。一次，畫家黃永玉寫信給他們，楊絳看信時歎息「只可惜這裡沒有書」，錢鍾書卻笑侃「這裡還有荷花呢，多美。」多麼隨和的心態！這恐怕是當代人所難以企及的。不過，看淡生活中的瑣碎小事，不為一點小名小利而鬧得兩敗俱傷，則亦可以達到這樣一種「隨」的境界。

　　說到「隨」，我又想到張平宜，這一個臺灣的弱女子。她本來準備在臺灣報業做得圓滿之後即淡出新聞業，但就在雲南麻風村的採訪過程中，她的心態變得隨和起來。她不顧世俗的目光，毅然將援助之手伸向了那裡因為貧困而失學的孩子們。面對著《海峽兩岸》

攝製組記者的鏡頭，她坦然回答道：「這裡的孩子需要愛。跟他們相處讓我感到隨和，讓我從別人的眼光中解放出來，讓我懂得什麼叫真正的關懷。」由此觀之，真正的「隨」即是走出世俗的目光，以博愛、寬容的心去面對社會上受困厄痛苦的群體。

然而，真正的「隨」決然不是隨隨便便，恣意妄為。即便它們的名字中包含著「隨」這個字。

可曾看見大街上那隨地亂吐的口香糖和痰跡？可曾看見那電線杆上亂貼亂畫的「牛皮癬」？曲解了「隨」字意思的人總會說：「我只是隨便而已，沒什麼大不了的。」但請注意：「隨」的大前提即是尊重社會公德，嚴格遵守法律。對恣意妄為行為坐視不管者，儘管打著「隨和一點，過去就過去了」的旗號，但其本質仍然是對真正的「隨」的褻瀆！這依然是社會浮躁心態的表現！

學會真正的「隨」，做一個隨和、文明的人，是新世紀的人所應追求的境界。

在現在這個競爭激烈的年代中，「隨」這個字眼似乎已被人們拋棄了。「隨」被人們看作懶散、消沉、妄自菲薄。殊不知，「隨」自有其深刻的真諦。「隨」並非是消極的，而是對世間萬物都懷有欣賞的情意，對生活處境都保持樂觀的心態。

這是一篇優秀的議論文。文章論證結構清晰嚴謹，按照「是什麼，為什麼，怎麼樣」等問題層層展開。文章首先由小林一茶的俳句指出「隨」的現象，再聯繫當下，指出「隨」是我們亟需一種隨和的待人處世之道。接著考生通過擺事實、講道理，運用了錢鍾書和楊絳夫婦、張平宜等例子來確定其觀點，樹立自己主張，即「隨」的重要性。

再者，作者又聯繫現實中一些反面的現象運用「辨是非」方法

正反對比論證讓讀者明確什麼才是真正的「隨」及曲解「隨」帶來的危害。最後，文章水到渠成地提出呼籲「學會真正的隨，做一個隨和、文明的人，是新世紀的人所應追求的境界」結束全文，既突出中心，又與篇首相照應，文章張弛有度，渾然一體。

孫蓉蓉

在無人注意的時候

湯茗清

江蘇省灌南高級中學二〇一三屆
喜歡思考，常常異想天開，班級的每一次大型活動都離不開我的奇思妙想。
現考入南京理工大學。

即使是在無人注意的時候，也要有堅定的信念，只要努力，每個人都有一鳴驚人的機會。

有一首婦孺皆知的詩這樣寫道：「牆角數枝梅，淩寒獨自開。遙知不是雪，為有暗香來。」即使無人知曉梅的開放，但是它的暗香終會引人注意，終會獲得古來文人墨客的青睞與讚賞。

並不是所有成功人士在獲得輝煌前就戴譽天下，那些無數個默默奮鬥的日夜裡，你們都看到了嗎？

古有范仲淹。范仲淹自幼喪父，後母親改嫁，他因不願跟隨母親寄人籬下，便獨自住到了寺廟裡用功苦讀。嚴冬裡，每當犯困時就用冷水沃面，將凍成固態的粥劃分三塊，作為一天的伙食。在那一個個黑暗與寒冷的夜晚，沒有人注意到他，沒有人給予他關懷與溫暖，但是那一顆發憤圖強的心在支持著他。終於，他在那群泛泛之輩中脫穎而出，官至宰相，告別那段無人注意的時光，成為當朝的中心。

今有韓庚。歌手兼舞蹈家的韓庚，因連續三年在春晚舞臺上亮相而被中國大眾所熟知。每當回憶起他在韓國訓練的時光，他總會帶著一絲欣慰的笑，慶倖自己走出了那段黑暗的經歷。年齡尚小，又是遠走異國他鄉，況且那時的他只是一個無名小卒罷了，沒有人

會注意到他的存在。但是有一股堅定的信念，一個不畏困難的決心，使得他從一個普通人成為潮流的中心。他說他因舞臺而生。在那段無人注意的時光裡，他成長了很多。

在無人注意的時候，只因那份堅持，那份堅定，成就了他們的一段佳話。

與此同時，那些譁眾取寵而引起別人注意的人，君子不齒。郭美美因在微博上炫富而一夜走紅，「我爸是李剛」及「我老公是局長」這些人因口出狂言也成為眾人關注的焦點，但隨著時間的流逝，人們對他們的興趣也將被沖淡。曾經一時被人們所注意，但終究會被社會遺棄。

成功是需要時間積澱的。就像林清玄筆下的那朵朵開在山谷裡的野百合花，即使無人注意它們的存在，它們依舊綻放得如此絢爛，最終成為一道靚麗的風景。

即使現在無人注意你的存在，請不要放棄，堅定著步伐向前方邁進。在無人注意的時候，也要堅信自己能夠一鳴驚人。勝利者，舍我其誰？

文章層次分明，繁簡適當。開頭提出中心論點「即使是在無人注意的時候，也要有堅定的信念，只要努力，每個人都有一鳴驚人的機會」；其次引用《梅花》，模擬論證；接著運用古代范仲淹和當代韓庚的事例論證中心，一個發憤圖強成為當朝的中心，一個堅定信念不畏困難，從一個普通人成為潮流的中心；然後反面批駁時下為達目的而譁眾取寵的醜陋現象；最後總結，言簡意賅。

論證結構典範，整體總分總，個中正反對比，古今並列。

徐虹

寂寞者的航行

張天愷

江蘇省興化中學二〇一〇屆

「讀萬卷書」豐盈了青春的靈魂，滋潤了的驛動的文筆；

「行萬里路」深邃了年輕的思考，充實了絢麗的人生。現就讀於南京大學。

細雨濕衣看不見，閑花落地聽無聲。寂寞如是，卑微而虔誠地靜坐一隅，只是大音希聲，文思的洪流洶湧而至，閉上眼睛，便更有一片天地……

君子高潔

「誰念西風獨自涼，蕭蕭黃葉閉疏窗，沉思往事立斜陽。」納露賞蘭，從容定若。你是翩翩的公子，無視父親權傾朝野的輝煌，側目一品帶刀行走宮殿的榮耀。在玄燁的光芒下你甘願無聲，你雖行走於酒肆，卻懷抱著夢想。人人想你是衣食無憂，安閑逍遙，其實你自道是無奈，拿起了筆桿。「人人唱盡《飲水詞》，納蘭心事幾人知。」愛妻已亡，壯志難成，就連你的離開都顯得那麼從容，三十一個年華，是上天不忍讓你目睹家道的衰落嗎？寂寞者不會無聲，短短韶華，一句「人生若只如初見」，沒有寂寞的如影隨形，又怎會「只道一聲尋常」？

散發扁舟

「我等與大王共贏天下，今四方已定，海內太平。」你走了，走得那麼淡定而從容，帶走了句踐的不滿，帶走了同僚的疑惑，當然更帶走了西施莞爾間的微笑。你說大王「與可同歡，難與處安。」你深諳「狡兔死，走狗烹。」你甘於拄杖閒遊，寧靜葛藤。你駕著

一葉扁舟，歸於寂寞。你換來了一片安寧與淡泊。你無奈嗎？你痛心嗎？我們替你堅定地搖搖頭，寂寞是寂寞者的通行證，若不是守住一顆寂寞的心，又怎能在「三千越甲吞吳」之後明智地選擇離去，又怎能耐住眼前的紛華，頭也不回？范蠡，徐行高歌，走好！

獨行旅者

你很早就有了一次深沉的「文化苦旅」，我記得你去過敦煌，面對遺失的文化，下跪欲攔住遠去的洋車；我記得你去過道士塔，面對古老的麻木，你嘶聲喊，想叫醒一個民族的塵封的神話。余老師，那個名字叫得好啊！那是一場旅程，一種洗禮，你靜心凝望，用最寂寞的眼光理智地審視了五千年的文明。有人說你變了，變得商業，可我不信，珠璣文字背後守住的是一顆寂寞的心，洗盡了鉛華，不是嗎？

大音希聲，大象無形，大愛無言，我想我會守住一方寧靜與閒適，撐著寂寞的旅行傘，用一顆寂寞的心感悟生命，開始我的航行，前方有什麼呢？

我想給文章加一個副標題：寂寞旌旗。

這是典型的「兩頭三體」式作文。「兩頭」即指「起頭（開頭）」與「收頭（結尾）」，兩頭須扣題落筆，前後貫通，合應一氣；「三體」即構成文章主體內容的三個片斷，三體須取材新穎，注意材料的類別差異，力避陳料常料濫料，這是文章成功的關鍵。

本文開篇簡捷，數字解開筆墨指向，所謂「寂寞者」不是指人際關係上的孤獨，而是指精神上的超拔不群，是「大音希聲」，一下子使文章的境界為之大開。中間三片，分別選富貴鄉中的心志品呷者納蘭容若、功名利祿面前的淡泊退守者范

蠡、文化苦旅程途中的執著朝聖者余秋雨為例，從容地撐起一片寬敞的腹地。結尾收筆，回眸開篇，並點出「我」的感悟與信念，讓文章落到實處。

全文中心突出，一線貫穿，結構整束；語言練達流麗，才情張揚，怡人眼目。

沈玉榮

釋然，其實很簡單

張航

江蘇省海州高級中學二〇一一屆
一直秉持「內斂不內向，外向不張揚」的口號，
走在人生漫漫征程，唯上下求索，方無知無畏，勇往直前。
心懷感恩，爭強好勝，不怕失敗。現就讀於南京師範大學。

我在風中被獨立，心中莫名地沉鬱。雨下個不停，浙浙瀝瀝，像斷了線的淚，涼透了心。

前幾天一直不順。堵著心事，心裡突然空出了一塊。天氣反反復覆，我的神經也隱隱作痛。最是無奈，太匆匆，時光像上了鎖的日記，充滿懷念，卻不堪回首。

我總是懷念過去的點點滴滴，黑白的意象在我頭腦裡定格成了圖畫。殘缺的剪影，卻怎麼也拼不成它原來的模樣。樹影婆娑，黑暗告訴我寂靜的時光。只有在深夜裡，我才能在空寂的空氣中，氤氳開我無法抑制的憂傷。

無法釋懷，過去的記憶就像不老的神話。

連翹曾經迎風笑的臉，沒有了表情。曾經天使般的樣子也鍍上了傷感。櫻花飄落，最美的時光停留在過去，一片粉色花雨後的寂靜，成了別離般悄悄的笙簫。最是難忘。為什麼美總是過去才能擁有彝

我無法釋然，所有的只是回憶，或多或少，顛轉我本有的無奈。

我在想，我怎麼樣才能顧念這一切已成風，去面對牆上搖擺的風鈴後那真實的現實？去面對真實中更多的美好？去釋然我心中的

埂塞彝

隨意漫步，陽光斜過我的額角，像許多年前一樣，溫暖得我睜不開眼，星星點點。雨後，一切都該落敗了吧。起碼像年輪一樣，不會回頭。

神遊恍惚間，看見櫻花樹上原有的殘缺的粉色被新綠替代。翠翠的一切，新鮮得不敢觸摸。終是消逝，也是新生。連翹也回到了春天的感覺，參參差差的枝椏交錯著，頂著綠，胡亂的搖顫，似乎是很多年前的感覺，卻已摻進了不同的味道。未來，真的越來越像過去，卻總是有點不同的感覺。

心裡澀了一下。

夜越來越短，似乎不給我去回想。都說往事如煙，難道一切註定我思想的閥門緊緊地關上，讓煙海茫茫的曾經消失彝

路上，我的腳印被來來往往的行人覆蓋，就像我不曾來過。我只有不斷踩著新的足跡，才能留下我僅有的痕跡吧！

我突然意識到，我一直忽略了一個事實，現在是春天，而每年都有一個春天。一切都才起步，而往事只是過去的假設，沒有現實意義。未來，融進了過去，生動得似曾相識，卻無需回首。而懷念，只會鎖了蕭索的心和鮮活的未來。

釋然，其實很簡單。只要能夠敞開心接受後來的美麗，一切的過去都會化成絲絲縷縷融於其中，不分離。

於是想起席慕蓉寫過「遂翻開那發黃的扉頁，歲月把它裝訂得極為拙劣。含著淚，我一讀再讀，卻不得不承認，青春是一本太倉促的書。

」是啊，過去永遠是過去，它只能被裝訂，被整理，被以一個局外人的身份去審視。而釋然，是最美的詮釋，一切，其實很簡單。

人生在世，不如意事十之八九，如果陷於不如意事中而難以自拔，顯然無法適應當今快節奏的社會。本文作者從自身出發，從身邊小事入手，提煉出「釋然，其實很簡單」這一觀點，帶有很強的哲理性，同時又有很大的說服力。深入淺出，啟人心迪。

吳生友

堅守夢想

錢麗雯

江蘇省鹽城中學二〇一三屆
一個熱愛運動與文學的女孩。在文學的世界裡，
我用我那顆真誠的心領悟到了許多，並且我也相信，只要懷有一顆真誠的心，
就一定能夠得到你所想要的。現考入新加坡國立大學。

暑假，一部印度電影《三傻大鬧寶萊塢》引發了我的思考。影片講述了發生在印度理工學院的「三個傻瓜」身上的故事：主人公酷愛機械，成績優秀，卻是個掉包的「冒牌貨」；拉朱熱愛工程，但壓力太大，成績一直不理想甚至面臨被開除的危險；法漢的夢想是攝影，迫於爸爸的壓力改學工程，表現十分糟糕。後來，三人都選擇了堅守自己的夢想，收穫了幸福的人生。這一切都源於主人公對他的朋友們說的一句話：「堅守夢想，追求卓越，成功自會尾隨而至。」

原來，成功只是夢想的副產品。人的一生太短，短到幾乎容不得有任何差錯，因此很多人為了名利成功放棄了當年的夢想，卻總離成功越來越遠。殊不知，通往成功的指示牌上標記的正是：堅守夢想。

堅守夢想，生活因夢想而快樂。

二〇一一中國達人秀的舞臺上，「喜悅蜘蛛俠」夫妻二人組合一首「甩蔥歌」感動了所有人。沒有炫目的技巧，沒有華麗的服裝，他們只是以熱愛歌唱的夢想和簡簡單單的小快樂滋潤了人們乾涸的心，也將自己的風采印在了每個人心上。

堅守夢想，人生因夢想而昇華。

路東，曾經是一名追夢的「北漂」青年，十年對夢想的堅持，給他帶來了眾人眼中的成功。然而，街頭偶然瞥見的打工夫妻的幸福瞬間，讓他開始思考：忙碌的生活，冷漠的內心，這些真的是自己追逐的夢想嗎？三十三歲的路東最終還是決定放棄手頭的工作，堅持自己的夢想，開始了他的微博環遊中國之旅。一路上，他觀察著，感動著，思考著，感受到生命的充實與快樂，那些美麗的人事，更堅定了他堅守夢想的信念。

　　如果說人生是漆黑的夜空，那麼堅守夢想就是點綴其上的明星；如果說人生是黑暗的路途，那麼堅守夢想就是照亮前方的火把；如果說人生是浩瀚的沙漠，那麼堅守夢想就是滋潤心田的清泉。生活因堅守夢想而快樂，人生因堅守夢想而昇華！

　　我們還年輕，更應當現在就樹立遠大的理想。在今後的日子裡，讓我們以夢想為舟，勤奮為舵，勇敢地同生活的風浪搏擊，最後一定能到達幸福的彼岸。

　　文章文采飛揚，條理清晰，作者通過印度電影《三傻大鬧寶萊塢》引入自己的思考，合理採用分論點，有機組成全篇，論證有力。文中所舉「喜悅蜘蛛俠」夫妻二人組和路東的事例具有典型性、時代性，說服力強。

　　　　　　　　　　　　　　　　　　　　　　劉俊傑

炳燭之明

顧宇玥

南京市第十三中學二〇一三屆

熱愛寫作，如同熱愛生活。現考入南京師範大學。

一隻蝴蝶偶而煽動幾下翅膀，掀起一場震天的龍捲風；一顆松子浸潤茶中，盈了滿室沁人的清香；幾根蠟燭小小的光亮，引得蝴蝶們改變了生存多年的環境。

古人云：見微而知著。細小的事物同樣會對環境產生巨大的影響。

著名作家王小波先生的作品《一隻特立獨行的豬》中，那隻被大眾認為最為低賤的、只能任人宰割的肉豬，憑著它對自由的渴望和與命運抗爭的精神，讓自詡為自然界最高等動物的「我」，感到深深的震撼與羞愧。

蠟燭的光亮不過方寸之大，但它的突然闖入，卻讓在黑暗的洞中世代生存的蝴蝶被迫改變了生存的環境。

可見，事物外表的渺小並不是影響細微的托詞，相反，只要能盡自己所能，釋放最大的光與熱，渺小的事物一樣可以產生令人震撼的巨大影響。

物如是，人亦然。

放眼現代社會，許多人特別是青年人整日哀歎時運不濟，命途多舛，內心渴盼建功立業，有所作為，卻獨獨不屑於付諸簡單而微小的行動。於是只得疾呼著：「大道如青天，我獨不得出。」感慨自

己卑微。

　　這其實不然，馬克思曾言：歷史是個人的歷史，個人是歷史的個人。個體的存在固然渺小，但社會與歷史正是由一個個個體書寫而成。一個人，只要盡好自己本分的工作，一樣可以在歷史長河中，畫上濃墨重彩的一筆。

　　二〇一二年感動中國人物陳家順，作為一名再普通不過的勞務輸出站站長，他沒有像其它幹部一樣整日坐在辦公室中作批示，而是深入基層，為鄉親們奔走暗訪，解決勞務糾紛，吃盡所有的苦，換來了最真實的甜。

　　正如著名劇作家易卜生所言：你最大的用處就是將你這塊材料鑄造成器。我想，這塊器，即使小如一顆螺絲釘，也可對整台機器的運轉，產生巨大影響。

　　那個寫出了「大狗可以叫，小狗也可以叫」的俄國作家契訶夫，樸實而深刻的記錄了俄國最底層人民的生活與遭遇，在那個黑暗的社會，燃起星星點點的光亮。那個高呼「全世界的人民都是我的相親」的黎巴嫩作家紀伯倫，雖然一生顛沛流離，卻用他的真誠與愛，溫暖了世間的寒光。

　　你可能會說，他們都早已功成名就，何以見得渺小。但我說，正是因為他們盡好了作為一個作家最本分的職責，才最終產生了如此巨大的影響。

　　如果你成不了日出之陽，如果你沒有日中之光，那麼，也請燃起那點屬於燭的光亮。

　　炳燭之明，同樣照亮一方世界。

　　這篇文章有一個特點最值得一提，那就是論證結構清晰。作者在開頭由材料直接得出觀點「細小的事物會有巨大的影響」，

接著一句「物如是，人亦然」，自然過渡到下一層次，談每個人的小行動都會對社會產生大影響，最後發出號召，希望小人物也能發出自己的光亮。這樣的逐層遞進，使文章面目清晰，精緻可愛。

熊放放

把根留住

李志偉

江蘇省東海高級中學二〇一三屆

生活如同騎單車，需要不斷前進以保持平衡。現考入北京大學。

　　大學是教學與研究的聖殿，獨立精神與自由思想是它堅實的根基。要繼續扮演好這崇高的角色，大學無疑要留住這根基。

　　當年蔡元培踏足北大，懷揣「相容並包，思想自由」的良策，在麾下招納了大批賢良之士，成就現代百家爭鳴，這是對自由思想的推崇；羅家倫在清華改隸廢董，這是希望大學獨立於行政；梅貽琦曾言：「大學之大，在大師也，非在大官也」，這是希圖教授治校，也是不願攀附於官員；至於胡適破格錄取羅家倫及其著名箴言「教育當引導社會，而非隨逐於社會也」，則說的是大學當摒棄世俗偏見，獨立於輿論嚴威。可以說，近代史上中國大學擁有良好開端，以其獨立自由的根本精神開啟了一個波瀾壯闊的時代。

　　隨後便是高等教育史上兩個節點：一九五二年的院系調整，一九七七年的恢復高考。此後，高校如雨後春筍般湧現，高等教育突飛猛進。進入新世紀，大學的蓬勃發展方興未艾，中國也開始邁入高等教育大眾化的時代。然而發展中的弊端日漸顯露，大學的繁枝茂葉下是土壤的貧瘠和根系的屝弱。

　　北京大學中文系教授溫儒敏指出，中國大學有五大弊端。僅以項目化為例，名教授不喜教本科，競相爭取研究項目及科研資金或者竭力創收。這在耶魯大學等美國大學是嚴令禁止且得到良好貫徹

執行的。還有，當年中央美院一年級新生由徐悲鴻親自教授素描入門，這一點也足以讓當今許多教授自慚形穢。

當前名校飽受詬病的招生政策明顯向城市、向「優秀生源基地」傾斜，造成農村學生比例極低的驚人現象。清華大學在百年校慶時的宣傳冊上以官職高低而非資歷或成就給校友排位也引來一片質疑，輿論認為這是官本位思想的外在表現，是大學向權利獻媚。像溫儒敏總結的，這一切嚴重腐蝕了近代以來形成的現代大學精神。大學的根發生軟化甚至動搖。

要留住大學精神，當有校長的非凡魄力，有獨立健全的運行體制，有濃厚純正的學術氛圍和卓越的眼光和定位。南方科技大學作為高校改革的試點，在全球招募校長，自主招生，獨立於高考。其校長朱清時在中科大任校長是深覺束縛，希冀在深圳開闢新一片天地。他如今攜南方科技大風雨前行——改革之路任重而道遠。

陳丹青曾問：今日的北大可還是蔡元培的北大？清華還是梅貽琦的清華？要給出肯定的答覆，還需中國大學守住獨立自由，把根留住。

文章立意深刻，結構嚴謹，按照「什麼是根」，「為什麼要把大學的根留住」，「怎樣把大學的根留住」的思路構思寫作，論證嚴密，思路清晰。文章切入角度獨特，取材與眾不同，表現出李志偉同學關注社會，關注現實，閱讀面廣，思考深入的特點。

桂榮

追夢無悔

夏星辰

江蘇省如皋中學二〇一三屆
喜歡安靜也喜歡張揚，喜歡讓文字洋溢青春，
用奮鬥追逐夢想。現考入福州大學。

　　依米小花五年的根莖穿插，積聚養分，才在來年開出四色鮮花，而它的花期只有兩天。不僅如此，它身處戈壁灘，無人欣賞，依然綻放著自己的美麗，但這片刻的美麗已足矣。它在這兩天實現了自己的價值，它無悔。

　　「水陸草木之花，可愛者甚蕃。」世間多少花，色彩繽紛，每個季節都有花冠群芳。但它們並未如依米小花，等待五年只為兩天的綻放那樣扣人心弦，令人倍感震撼。

　　是啊，是依米小花的堅守與執著，甘於寂寞與等待才使這兩天的美麗彌足珍貴。

　　古人云：「寶劍鋒從磨礪出，梅花香自苦寒來。」實現自己的價值需要堅守，需要等待，但我們應始終相信，追夢無悔。

　　邰麗華，在表演《千手觀音》前我們對她一無所知。我們無法想像，在無聲的世界裡，她是經過怎樣的磨難才走上舞臺，又是付出多少淚水與汗水才使舞蹈跟上節奏。我們只看到在春晚舞臺上，她演繹了一場絕美的舞蹈。那是禮贊，那一刻她綻放了生命的光彩。多年的付出與等待，使她終於迎來了夢想的實現。她追夢無悔。

　　我們每個人都被公平地賦予追夢的權利，但不是每個人都能追

夢成功。因為他們不夠堅守，在漫長的等待中，他們有的選擇了放棄，有的半途而廢，因而他們註定與夢無緣，空留悔恨。

追夢無悔。也許你的夢看上去很遙遠，但請相信沒有比腳更長的路，沒有比人更高的山，追夢途中總會有黑暗，但是黑暗盡頭是光明。

「草根舞王」卓君沒有進過任何舞蹈機構培訓，沒有老師指導，但他通過觀摩網上的視頻自學成才。他不停地揣摩，不停地模仿，不停地練習。功夫不負有心人，他的努力與執著終於得到回報，「草根舞王」的稱號當之無愧。

我們都有自己的夢，而我們缺少的是追夢無悔的執著信念與不懈努力，我們應該學習依米小花的執著與堅守。「成功的花兒，人們只驚慕它現時的明豔，然而當初它的芽兒，浸透了奮鬥的淚泉，灑遍了犧牲的血雨。」我們要有「千年磨一劍」的甘於寂寞與等待，我們要相信曇花一現的那般絕美。

追夢無悔。只要勇於追夢，夢想終會成真。又何必在乎這成功是萬眾矚目還是默默無聞呢？至少我們的美麗終將綻放。

對於依米小花，人們要思考的是，處於荒漠戈壁，僅有兩天花期，依米小花卻用了五年的努力，值嗎？這個問題也是本文作者思考的問題，她用「追夢無悔」作出了明確的回答。文章首先肯定依米花的「堅守與執著，甘於寂寞與等待」使得「兩天的美麗彌足珍貴」，接著由花及人，指出「實現自己的價值需要堅守，需要等待」，並用正反例子形成鮮明對照：邰麗華實現夢想，追夢無悔；某些人與夢無緣，空留悔恨。文章所要表達的意思至此已經到位，但是作者還以「草根舞王」卓君的例子進一步強化，更具說服力。最後引用冰心的詩句告誡缺少

「執著信念與不懈努力」的人們學習依米花才能夢想成真。全文結構清晰，思路豁然。

郭祥聖

拒絕平庸

陸楊

江蘇省新海高級中學二〇一一屆
熱愛讀書，好辯論，閒時常與人作縱橫之論，常面紅耳赤。
亦喜歡寫些文字，縱橫捭闔，沒有邊際。現就讀於東南大學。

　　衝鋒的號角劃破長空，九乘十的小小戰場那間狼煙四起，硝煙彌漫。疾馳的戰車衝鋒陷陣，摧城拔寨，驍勇善戰；威猛的火炮殺機暗藏，「隔山打牛」，威風八面；賓士的駿馬跨日追月，臥槽掛角，縱橫馳騁。而我，一個平庸的小兵孤零零地蜷縮在戰場一隅。從開場到現在，我就沒有被挪動過一步，彷彿一開局就註定了我是一枚棄子，彷彿那些孤傲的英雄們連動手殺我都不屑一顧，彷彿眼前的血流成河、積骨如山、殺聲震天與我無關，彷彿我的生命註定了平庸。

　　不，我不甘心，我不甘心庸庸碌碌地度過平淡的一生，我不甘心生命之花還未綻放就已經凋謝，千年之前「王侯將相寧有種乎」的號角早已響徹雲霄。今天，我要拒絕平庸，我要用實際行動告訴你，認准目標，一步一個腳印向前走，小兵也能變英雄！

　　隨著時間的推移，戰爭漸趨熱化，曾經縱橫沙場的英雄或者含笑沙場，或者含恨而終。終於，當敵方陣線被撕開的那一瞬間，我的機會來了，渴望血染戰袍透甲紅的暢快淋漓，渴望不破樓蘭終不還的壯志豪情，渴望拒絕平庸證明自己，我義無反顧地跨過楚河漢界，而後便左沖右突，一個勁地向前。拉車、牽馬、拱炮是我的拿手好戲，破象、吃士、逼帥是我的精妙絕活。曾經不堪一擊的小兵

拒絕平庸，曾經微不足道的小兵不再平庸。當孤傲的戰車面對我與我的弟兄只能無奈地自嘲「自古雙拳難敵四手」，當威風的火炮失去了炮架的支撐在我面前不堪一擊，當「春風得意馬蹄疾」的戰馬不經意間被我鎖住了去路、縛住了馬腳，當我撕開士象的堅固防線，當我揮舞著長矛刺穿敵方將帥的胸膛，我在他的眼裡讀出了失落，讀出了恐懼，而更多的卻是不解與震驚。他不知道為何一個默默無聞的小兵卻有拒絕平庸的力量，他不敢相信一個毫不起眼的角色竟能力挽狂瀾，扭轉了戰局。

「或許你死不瞑目，但這就是一個小兵的力量，一個拒絕平庸的小兵的力量！」我緩緩地抽出長矛，默默地轉身，眼中寫滿了堅毅與頑強。

這個世上本沒有高低貴賤，只要有夢想，只要堅守自己的夢想，終有一天你會感受到笑傲風雲的激昂，終有一天你能夠擁有拒絕平庸的力量。

本文的優點很明顯：首先，構思新穎，立意深刻。中國象棋裡有將士象、車馬炮，還有小卒小兵。本文是一個小「兵」的自述。「兵」只能永遠前進，不能後退，而且往往是決戰沙場，贏得勝局的英雄。「兵」是平凡的，但絕不平庸，這樣的立意構思使得這篇考場作文能夠在眾多考場作文中顯得尤其出眾。其次，前後對比，形象鮮明。本文雖是寫在短短一個小時內，但是技巧圓熟。文章開頭的對比，形象地展現了一個「小兵」的平凡。文章結尾的對比，展現了一個拒絕平庸的「小兵」的無窮的力量。文章還有縱向的對比：一個默默無聞的小兵，一個毫不起眼的角色最後竟能力挽狂瀾，扭轉了戰局。這便是有拒絕平庸的力量。最後，想像力豐富，語言功底醇厚。文中的

「小卒」無疑是千千萬萬平凡人的象徵，很多人不免平凡，但不能平庸。

作者把如此的深意通過中國象棋進行詮釋，讓人不得不讚歎作者想像力的豐富。另外，本文語言很有氣勢，句式整齊，用語精准，體現了作者醇厚的語言功底。

陳娟

簡單的智慧

何佳琪

江蘇省南菁高級中學二〇一三屆

樂觀開朗，笑對生活。享受和好朋友在一起的韶華。

他是一米陽光，帶給身邊的人溫暖和歡樂。現考入南京理工大學。

　　自古以來，人們就以「簡」為美德。古語有云，「大樂必易，大禮必簡。」簡單的智慧，源遠流長，蕩漾在五千年的歷史長河裡，總被人定義為使高尚之士才具有的。

　　但人總是自相矛盾的。嘴上說著刪繁就簡，而一到落實起來卻又有太多理由讓自己不那麼做。你看，封建社會的官帽，不是烏紗便是紅頂，官員的出行，或鳴鑼開道，或靜街回避，不就是要一個「奢」字！這種奢侈或為顯示財富，或為顯示權利，總之是要顯出高人一等。何談「簡單」的智慧。

　　諸如此類的口是心非的例子在當代也數見不鮮。婚慶公司的花招是越來越多了，繁瑣的婚禮早已褪去本應洋溢著幸福的本色；聲勢浩大的成人禮上的招數也屢次革新，將成人禮的內涵刪得一乾二淨，留下令人嗤之以鼻的形象工程……現代人是活的越來越複雜了，結果得到許多享受，卻並不幸福，擁有許多方便，卻並不自由。

　　尋尋覓覓，冷冷清清，淒淒慘慘戚戚，「簡」的智慧何處尋？

　　在我看來，「簡單」的智慧是人生來具有的，生活本身就是簡單的，並非只有「大禮」才簡。生活就像是一汪清潭，澄澈純淨，而簡單的智慧則是讓它靈動起來的一抹月輝。只是，當人有了包

袂，裡面裝了太多夢想、渴望、貪婪與世俗，便滿滿當當壓在人們的肩上，牢牢地禁錮起了從簡的智慧。

當你嘗試釋放所有被束縛的念想，拋開紅塵紛雜再去面對生活，簡單的智慧便會重回你的腦海，充盈你坦然的心。

生活一直很簡單，請你捫心自問：難道婚姻的幸福，一定要靠一場轟轟烈烈的婚宴來作保障嗎？難道十八歲的成人禮，就必須憑一段慷慨激昂的誓詞來證明你的成長嗎？如果幸福可以這麼膚淺，如果成長可以如此虛偽，如果程式勝過情感，如果形式勝過內涵，那麼，生活也不會有意義，那汪清潭也終究死寂沉沉。

人的欲望不會滿足，但人可以選擇視而不見。刪繁就簡，返璞歸真，有時可能是一種更高的智慧。

作者從「以簡為美」的傳統觀念出發，將立意點投射到社會生活中，從古至今，簡單的智慧無處可尋，作者還分析了原因──「太多夢想、渴望、貪婪與世俗，便滿滿當當壓在人們的肩上，牢牢地禁錮起了從簡的智慧」，立意又進一層。結尾處的反問、排比非常有力地提出了「簡」的意義和價值，「刪繁就簡，返璞歸真」的觀點就水到渠成了。

高海華

轉身

史建文

江蘇省興化中學二〇一二屆

史家有女初長成，不愛紅妝愛詩書。平生諸事無所戀，一書一劍走江湖。

生於淮揚，游在荊楚。辯論場上要機鋒，故紙堆裡探蒼穹。

唯願終夜明燈長照，不改少年行路初心。現就讀於華中師範大學。

華爾滋是一種優雅美麗的舞蹈，以其華麗的轉身與巧妙的旋轉享譽世界。最是那一凝眸時的溫柔，舞者以其適時的轉身，驚豔動人。正是那完美的轉身，成就了最美的華爾滋。

舞蹈如是，生活亦如是，人生需要轉身。

轉身是一種智慧的人生態度。當人生處於絕境，「山重水複疑無路」，何不另闢蹊徑，巧妙轉身，定能「柳暗花明又一村」。大將韓信當年投在項羽麾下，不過是無名小卒。但他不甘於默默無聞，終老一生，毅然投奔劉邦，終成大器。試想韓信若固守庸主，「一條道走到黑」，不懂得轉身，以項羽之用人，恐怕其姓名只能為歷史的塵埃所埋沒，哪像如今功勳顯赫，青史留名？正是因為他懂得棄暗投明，擇木而棲，讓自己的人生來了一個一百八十度的大轉彎，摒棄迂腐的「忠心」思想，轉身，走向光明。

轉身是一次偉大的精神突圍。面對紛繁錯雜的世界，我們常常為世俗牽絆，為輿論束縛。轉身，解放我們的精神。著名生物學家達爾文研究之初，曾相信神創論及物種不變說。面對研究過程中的疑問，他勇敢地衝破精神枷鎖，放棄神創論，提出了生物進化論。正是因為他改變錯誤觀念，轉身而戰，進行了精神突圍，才站在了真理的高峰。司馬遷站在人生的十字路口，面臨生死抉擇：是無名

地死去，還是屈辱地活著？思慮再三，他忍辱負重，終成史家絕唱。假如當時司馬遷一味固執，守著「士可殺不可辱」的古訓不放，愚蠢地赴死保節，無韻離騷的《史記》誰人來寫？千秋太史公的美名誰人來當？司馬遷決絕轉身，給歷史留下一個孤獨而光輝的背影。

　　轉身需要恰當的時機。如果我們面對艱難險阻一律「轉身」，回避，不懂得分析外部條件，權衡利弊，個人如何發展？社會如何進步？歐立希為了發明一種新藥，屢戰屢敗，屢敗屢戰，決不轉身放棄，一直實驗了六百零六次，才獲得成功。正是因為他堅信自己的理論知識正確，研究方法正確，冷靜分析外部條件，不氣餒，不逃避，才有了新藥「606」。卡梅隆在導演《泰坦尼克號》後聲名大振，人們都期待他有新作問世。而他卻為了一個夢想蟄伏了十幾年，等待時機。當《阿凡達》橫空出世，其華麗純美震驚世界。假如卡梅隆難以放棄名利誘惑，不懂得在恰當的時機悄然轉身，尋找下一個制高點，哪有今天的卡梅隆？適時的轉身，讓人離成功更近；不合時宜的轉身，也可使人一敗塗地，錯失良機。

　　轉身，是一門生活的藝術。讓我們持有這一智慧的人生態度，實現精神的突圍，於恰當的時機，和樂而舞，完美轉身，跳好人生的華爾滋！

　　　本文是一篇規範的議論文。開篇以「華爾滋」為喻，作為一個「由頭」，引出中心論點——人生需要轉身；中間分三個層次從不同角度闡述了自己對「轉身」的理解，顯現了論證時較強的層次感，每個段落，都能注意舉例、假設、因果等論證方法的綜合運用，尤其是提出「轉身需要恰當的時機」這一觀點時，認識到不是所有的「轉身」都是值得肯定的，應該審時度

勢，否則結果可能大相徑庭，體現了一定的辯證思維；最後總
結全文，再次以「華爾滋」為喻，與開頭呼應，結構嚴謹。

唐振海

讓花兒靜靜地開放

孫成林

江蘇省贛榆高級中學二〇〇九屆
有一種咬定青山不放鬆的韌勁，從而實現一個又一個突破。
現就讀於南京大學。

　　花朵是美麗的，可是要是因為對花朵的愛戀而把她擁入懷中，不肯放手，得到的只能是凋零的花瓣。

　　琴聲是動聽的，但是若是因為沉溺於美妙的樂曲而過分地撥動琴弦，最終的結果只會是弦斷曲終。

　　世界上有許多的東西使我們熱愛。但是當我們緊緊抓住它們時，它們卻又會從我們手中溜走。比如欣賞一朵花，與其讓它在自己懷中凋零，不如讓它在自然中靜靜地開放，這樣才能欣賞到它全部的美麗。

　　奧運會的舉辦引起國人對運動的極大的熱情。運動員的成名也讓許多望子成龍的家長產生了奧運的夢想。曾經在電視上看到一位元立志把女兒訓練成長跑冠軍的父親陪同他的女兒練長跑的情景。那個小女孩還不到十歲，每天卻要在騎著自行車的父親的陪同下跑十幾公里。小女孩的眼中沒有流露任何對於跑步的熱情和渴望，或許她還不知道奧運冠軍意味著什麼，她只是努力地向前跑著，跑著。而她的父親卻十分有激情，用哨子為她吹著節拍。我不能否認那位父親對女兒的愛，但是他缺乏理性的愛很可能會給女兒帶來傷害。他並不瞭解科學的訓練方法，每天讓那麼小的孩子跑那麼長的路。這種愛的方式很可能會使小女孩對跑步的熱情像被擁在懷中的

花朵一樣凋謝。

但這並不是要我們不去愛。我們需要愛，需要春風化雨般理性的愛，而不是像烈火掃過草原一般狂熱無羈的愛。為一朵鮮花適當地澆澆水，可以使它開得更鮮豔，輕輕地撥動琴弦，便可奏出美妙的樂曲。對某一方面有興趣，科學地加以引導，便可以把它變成一項特長。而如果僅憑著熱情，那麼在熱情過後，迎來的會是更漫長的冰期。

自然自有它自己的法則，如果把自己主觀的愛強加給他人，只會傷害到他人。而我們這樣做的初衷，只是希望別人滿足我們自己的需求。面對自己所愛的東西，我們需要克制自己的欲望，用理性約束愛，去尊重那些我們所愛的東西。只有學會給一朵花靜靜開放的機會，我們才能擁有對它愛的全部。

重讀這篇文章，突然想到二〇一三年的江蘇高考作文，四年前的這篇文章對今天的江蘇高考作文做了很好的回應——萬物都有它存在的客觀法則，無論是花還是人，一旦違背了這個法則，超出了這個限度就不可能獲取期望的價值，甚而至於走向另一個極端。讓我們少一些急功近利，多一些理智冷靜。

王經軍

不一樣的眼光

楊春英

江蘇省東海高級中學二〇一一屆
一個熱愛文字的女生，文字給了她全新的視角與空間。
進入大學後，仍徜徉於書海之中，流連於文字之間，讀書不止，筆耕不輟。
現就讀於上海交通大學。

用不一樣的眼光透過萬丈絕壁，覓得谷底幽蘭的芳香，用不一樣的眼光穿越渺茫山路，獲取順溪而下的開闊。不一樣的眼光，總會有不同的風景。

想起一句詩：「我心中有一隻猛虎在細嗅薔薇。」猛虎穿越叢林，王者之氣震懾萬物，角落裡的薔薇又要有怎樣的眼光去尋覓？

自古成功之路便需要不一樣的眼光去開闢。清朝時的富商胡雪岩，當他帶領商隊，穿越塔克拉瑪干沙漠時，廣闊無垠的沙漠已經讓很多人退縮。但他用與眾不同的眼光，始終堅持「沙漠不夠寬」的信念，認定如果沙漠再寬一倍，能夠有勇氣前行的商隊就更少，他們的利潤就能翻上幾番。胡雪岩對沙漠不夠寬的獨特注解，詮釋了他聞名天下的成功之道。

說不清韓寒的另類眼光是他今日輝煌的真正緣由，還是他另闢蹊徑的刻意。總之，不一樣的眼光的確讓他博得了很多人的景仰。他的另類，自然要穿越非議的荊棘，但他執著的選擇，的確開闢了他的成功之路。

漫漫人生苦旅，人行我亦行，為什麼就會有不一樣的眼光橫空出世，創造了那些讓人匪夷所思的奇跡？看蘇軾那「一蓑煙雨任平生」的豁達之詞流傳千載，看鄧小平在地圖上畫了一個圈得指點江

山的美談，再看梁思成對敵國日本建築的精心呵護。是豁達、激情與信仰讓他們有了不一樣的眼光。

生活如同走一條再平常不過的路，風景不變，眾多行人的方向也是相同的，他們只是看著大家一起前進的方向，然後走出了一個個相同的結果。是平庸，而不僅僅是平凡。

若有那細嗅薔薇的情致，前路便有了變幻莫測的風景等著你去創造奇跡。不一樣的眼光，或許成就的是我們景仰著的成功，但這成功，若用不一樣的眼光去看，又何嘗不是成功者自己的風景，與眾人眼中的成功無關，這是成功之外的超然。

讀過一則充滿禪趣的小故事。方丈對他的兩個徒弟說：「院外有一個絕壁，你們誰若能爬上絕壁，我就任命他做我的繼承人。」大徒弟咬著牙爬上去幾丈，就摔下來，又拼命地攀爬，幾經嘗試，早已鼻青眼腫。小徒弟試了兩次，同是失敗，沉思片刻後，便回去了，只留下大徒弟堅持。小徒弟放棄了，卻被方丈任為繼承人，他說那絕壁無論如何不可能爬上，唯有放下，才是他要的境界，這是一個讀來相當矛盾的故事。

或許只是在說，放下是一種眼光，而這不一樣的眼光，是成功的必要。小徒弟的超然，已經超越了成功的世俗含義。

不一樣的眼光，開闢這成功之路，但那豁達的成功者，已經把成功的外在拋棄，獲得了生命之成功的內核。

不一樣的眼光，讓行走與眾不同。重返谷底，看一方幽蘭綻放吧。

不一樣的眼光，註定是一種超然，在成功之外。

文章採用層進式結構，步步推進，層層深入。首先作者提出「不一樣的眼光，總會有不同風景」的觀點；緊接著向前推進

一步，論述存在於「風景」中的「成功之路」需要不一樣的眼光去開闢；接下來重點挖掘的是「不一樣的眼光收穫成功」背後的原因。從現象到本質，從結果到原因，思維縝密，具個性化色彩。

優秀的文章不是刻意為文，留下雕琢的痕跡，而是筆隨意轉，意隨心動，在自然之中自如收放，在無形之中將思路展現，在靈動之中水到渠成，本文即是如此。

張華

人生的紗線

李麗

江蘇省贛榆高級中學二〇一二屆
珍惜學生時光，堅持用心學習，激情與沉靜同在，
夢想與現實並重，既追求理科的實在，又嚮往文學的浪漫。
現就讀於河海大學。

幸與不幸這兩股人生紗線，交叉，重迭，最終織成絢爛五彩的人生。

當中央台的記者問你：你幸福嗎？你可能會調侃：是的，我姓福，名叫爾康，你也可以叫我額駙。

我們會羨慕幸運的人，他們或者出生就擁有了富裕的生活，或者考上了讓人羨慕的學校、得到了條件優越的工作、交到漂亮的女朋友、有了看似幸福的家庭等。我們會感慨自己的不幸，諸事不順，感慨上帝的不公，人生無趣。

其實事實並非如此，幸與不幸，看你怎麼看。

巴雷尼小時候因病成了殘疾，貌似夠不幸，但在母親的鼓勵下，克服重重困難，最終，登上了諾貝爾生理學和醫學獎的領獎臺。海倫‧凱勒、史達林、孫臏、馬雲……古今中外，類似的事例舉不勝舉。

不如說說我自己，比起一些同齡人，我家裡經濟條件不好，看似是不幸的，也曾抱怨過，但如今心裡知道，苦難造就今天的我，要問我幸不幸福，我定回：「我很幸福！」不幸成就了幸。一個好朋友，記錯了時間，錯過了一趟回家的火車，就在那沮喪的時刻，她邂逅了自己的真命天子，兩人一見鍾情，最終走入婚姻的殿堂，

不幸的旁邊隱藏著幸。幸與不幸，就像那交織錯雜的紗線，讓人很難理清。

幸與不幸，是那麼奇妙的事物。若幸，有人會珍惜，會努力延續這種幸，屬最幸；然而，幸亦容易使人樂的忘我，隱藏的不幸就會顯現，幸終究變為不幸。若不幸，有人選擇沉淪，則愈加不幸，此為最不幸；相反，有人選擇與命運戰鬥，他們的不幸讓自己成為不凡的人，如此他們才能經歷更大的不幸，其實細想，此類或許比最幸更幸。

作家茨威格曾在他的傳記中做過一個對比：王爾德和陀思妥耶夫斯基，同為當時著名的作家，同樣因故入獄，其後發生的事卻大不相同。王爾德入獄前生活富庶，自視高貴，入獄後被迫和出身卑微的囚犯同吃同住，身心受到極大的創傷，從此一蹶不振。陀思妥耶夫斯基則是被人從行刑架上解下來送往勞役營的，死裡逃生使他更加珍惜哪怕是充滿苦難的生命。他賣力地服勞役，與那些犯人交談，竭力發覺他們身上的閃光點，也為自己日後的寫作積累素材。牢獄生涯毀了王爾德，卻使陀思妥耶夫斯基寫下了《罪與罰》等傳世名著，成為西方最深刻的思想家和偉大作家。孰幸孰又不幸？

蘇軾《蝶戀花》有道：「牆裡秋千牆外道，牆外行人，牆裡佳人笑。」選擇牆裡還是牆外的權利，在來到這個世界的時候，上帝已經把它交到了我們的手裡。所以面對自己的人生，如果覺得不幸，首先應該反思自己。幸則繼續努力，稍有差錯，可能就會不幸；不幸，則更應奮鬥，要相信，只要時機到了，自然便會遇到幸。幸與不幸掌握在自己心中。

佛曰：一切皆為虛幻。或許，人生本無幸或不幸，人生就是一塊布。

幸與不幸是一個永恆的話題。

作者開篇很自然地提出了「幸與不幸其實看你怎麼看」的觀點；然後古今中外地列數了不少不幸而幸的事例，包括自己的實際情況；接下來由幸而最幸，幸而不幸，不幸而最不幸，不幸而更幸，辯證地論述了幸與不幸的微妙複雜關係；進而更以王爾德與陀思妥耶夫斯基的對比進一步強化了這種辯證關係；最後水到渠成，表達了面對幸與不幸的態度：面對人生，如覺不幸，首先應該反思自己。幸則繼續努力，稍有差錯，可能就會不幸；不幸，則更應奮鬥，要相信，只要時機到了，自然便會幸。幸與不幸掌握在自己心中。全文思路清晰，結構穩健。

馬繼光

瑕疵

江蘇省海安高級中學二〇一三屆
關心時事熱點，參與生活，愛八卦，愛「評頭論足」，喜愛犀利活潑的文風。
現考入南京中醫藥大學。

近幾年來，「微整形」大為流行。

何為標準美女？白皮膚、瓜子臉、大眼睛、高鼻樑、櫻桃小嘴，符合了這些要求，不看不順眼都不行。於是女人們開始行動了，漂白、割雙眼皮、做隆鼻、做下巴、打瘦臉針……揭開紗布後，女人們重新審視著自己的臉，笑了：這是張沒有瑕疵的臉。

女人們用慍怒的目光注視著那一張張和自己相似的臉，開始心慌了、迷糊了，又明白了些什麼：這樣的「美」太平平無奇了，少了些故事，少了些特點，少了些生動，這不正是最大的瑕疵麼？

其實，每個人生來都是美麗的，都如同又大又美的珍珠一般，但每個人又或多或少的有些瑕疵，便如同珍珠上一個小小的黑點，瑕疵不同，黑點的模樣、大小也自然不同，縱然是美中不足，但不也成就了自己的獨一無二麼？何必要苦苦強求自己，一定要剜掉那個黑點呢，唯一的結果只會將黑點變成大洞，至此便再也無法彌補了。

一位女演員，剛出道時常以一身旗袍現身，圓圓的臉，淡淡淺笑，頗有些張愛玲的《半生緣》裡曼楨的味道，典型的東方美女。這幾年再看她時，約莫是去整形了吧，下巴變尖了，臉上多了些刻薄的味道，成了實實在在的「面癱」。更令人咋舌的是，以前從不

4
0
3

捲入是非的她，近年來更是緋聞纏身，漫天炒作，不是當了別人小三，就是被大富包養，要麼就是未婚生子的云云。

完美無瑕的珍珠固然是好，但世人愛珍珠並不是因他無瑕，而是她珠圓玉潤，潤澤以溫，腮理自外，有祥和之氣，雍容典雅，在東方，珍珠更象徵著健康、純潔、富貴和幸福。珍珠況且都有微瑕、小瑕、瑕疵和重瑕之分，更何況人呢？

《詩經·衡門》中也有詩篇：「衡門之下，可以棲遲；泌之洋洋，可以樂饑；豈其食魚，必河之魴；豈其取妻，必齊之薑？」古人亦懂得，凡事切不可過於追求完美，難道娶妻一定要娶齊國美麗又高貴的薑氏女麼？試問，真正娶到薑氏女的又有幾人呢？絕大多數男子最後選擇的還是鄰家的那個看起來傻傻的，笑起來臉頰上小雀斑一跳一跳的少女。她們不完美，她們不高貴，但她們在身邊，可親可近，自然真實，她們投來帶著手掌溫度的桃，男子微微一笑。而真正娶到薑氏女男子的熱情，恐怕在婚後也會被美女的冷傲所澆滅吧。

人生無完美，有一樂境界，就有一不好的相對待；有一好光景，就有一不好的相乘除。而對於女子，追求美貌固然好，但若到頭來，失了自己的本色，豈不比剜壞了的珍珠更可怕？只要素面朝天，安然自若，方省去萬千煩惱，為點黑痣雀斑去動刀子折騰自己，何苦來哉！

本篇議論文的結構完整，條理清晰，扣題很緊。從現實生活中諸多女性為追求完美，去除瑕疵而整容變形，卻因此失卻個性談起；再聯繫到「一位女演員」、古代「薑氏女」的故事，闡述了在對待瑕疵的不同態度時產生不同的結果。最後得出結論，每個人在面對人生中的瑕疵時，不必刻意去改變，保持安

然自若的心態即可。本文稍事闡述，追源溯流，參古證今，筆
墨集中而角度獨特，文思起伏而前後呼應，是一篇值得品味的
優秀的議論文。

擅用對比，同一物件女演員前後不同做法的對比，古今美女的
標準對比，微瑕去留的對比等。縱橫上下，時空交錯，說服力
強。語言活潑靈動，長短交錯，整散結合，反問句的運用加強
諷刺意味，引發思考。

王金林

品讀經典

盧巧雲

江蘇省如皋中學二○一三屆
心靜，貌安，裝著化蝶的夢，破繭、振翅、飛翔。
現考入南京中醫藥大學。

　　當豪華本「大書」代替了「讀書破萬卷」的虔誠，成為擺設；當圇圇吞棗式的略讀代替了細品推敲的熱忱，成為炫耀資本；當經典圖書的塞滿書架代替了經典內容的熟讀深思，成為附庸風雅的道具，我總有一種期待：我們何時才能冥然兀坐，品讀經典？

　　茶越沉越厚，便不會人走茶涼；酒越存越香，便不會酒醉人傷。品讀那些被時代篩選過的經典，不失為一大裨益。

　　品讀經典，能讓我們享受無窮的「正能量」，讓人生如月牙泉般碧綠澄澈，生生不息。經典，一經品讀，便會釋放點點滴滴的正能量，然後如星火燎原般在潛移默化中淨化我們的心靈。一個不去品讀經典的人，如何能讀出司馬遷的憤懣與頑強、屈原的求索與赤膽、文天祥的堅韌與傲骨？只有去品讀那些落滿塵埃的經典，才能喚醒那些穿戴越來越花哨，也越來越難以遮擋淺薄的人們，讓他們在經典中尋到一味良藥，去拯救那脆弱而麻木的內心。由此可見，品讀經典的力量不容小覷，其正能量巨大無比。

　　品讀經典，能讓我們察古知今、規避風險，讓人生不再「秋月春風等閒度」。縱然歷史與當代不同，但事物發展的趨勢卻具相似性。品讀經典，恰能有這作用，唐太宗品讀經典，明白「以古為鏡，可以知興替」，而勤儉治國，勤於納諫，成就「貞觀之治」；毛

澤東品讀經典，知曉「宜將剩勇追窮寇，不可沽名學霸王」，終救百姓於水深火熱之中；莫言品讀經典，謹記鋼鐵一般的意志的重大作用，終練就一身質樸與剛毅。他們都是璞玉，是品讀經典的力量讓他們在人生枝頭灼灼其華，也正是這份力量將引領他們走過千秋萬代。所以，莫忽略了品讀經典的力量，而應找尋經典之所以成為經典的理由，進而「擇其善者而從之」。

誰將聲震世界，必將長久保持緘默；誰將點燃閃電，必將長久如雲漂泊。在日益喧囂的現代，何不靜默端坐、品讀經典，如鯤鵬展翅，背負青天而天下望？

品讀經典，猶藥也，力行，可以清心明志、潔身正性。

作為一篇考場作文，本文確為難得的佳作。

本文最大的特點是論證嚴謹，層次井然。文章從一組排比切入，種種社會現象一一呈現，極具說服力。作者由此自然而然地引出自己的觀點：品讀經典，大有裨益。接著文章從兩個角度設置分論點加以論述：首先論證「品讀經典讓人生享受正能量」，作者條分縷析，層層推進，說理細緻；然後論證「品讀經典可察古知今、規避風險」，作者列舉唐太宗、毛澤東和莫言的事例，從古至今，舉例貼切，論證有力。最後，作者化用西漢劉向的名句「書，猶藥也，善讀之可以醫愚」，巧妙地點明瞭品讀經典的重要性，簡潔有力。

另外，本文語言流暢優美，文章首尾處的過渡段哲思飛揚，讀來令人折服。

楊新明

CHAPTER **08**

想像聯想

怎樣給作文插上想像的翅膀

江蘇省贛榆高級中學 莫立剛

（江蘇省中學語文特級教師、教授級中學高級教師，現任江蘇省贛榆高級中學校長）

　　想像是根據頭腦裡已有的表像經過思維加工而建立新表像的過程，或者根據口頭語言或文字的描述形成相應事物的過程。它可以彌補和突破學生現有的生活經驗，化無為有，化實為虛，使他們在想像的廣闊天地中找到閃爍著創意的亮點。學生在寫作文時，如果缺乏想像力，就無法從事寫作。有了豐富的想像力，就等於為寫作插上了翅膀，使之飛向廣闊的天宇。

　　想像的技巧有：推測想像，如在《道士塔》中，余秋雨對王道士粉刷壁畫的描寫就是典型的推測想像，作者首先看見的是已經被粉刷的牆壁，然後推測想像出王道士幹活的情景和當時的心態；追述式想像，就是把過去的物、景、人事寫的如在眼前，如李白的〈越中覽古〉就是追述越王過去宮殿的繁華景象的；幻想式想像，就是將未來的人事設想得好像已經擺在眼前一樣，給人的感覺是應該如此，將來可能是事實的；假設想像，無論在自然科學領域，還是在社會科學領域，它的每一步前進，都離不開大膽的假設想像，在寫作中，假設想像也是經常用到的。《假如給我三天光明》、《假如我是語文老師》、《假如我是市長》、《假如我是聯合國秘書長》等都是假設想像；換位想像，即換取原來事實中的人物、事件來進行想像；擬人想像，就是讓一些動物甚至沒有感覺的植

物來開口說話，來達到意想不到的效果，擬人想像可以無所顧忌，讓我們生活中的很多不可能變成可能，奧地利作家卡夫卡可以說是擬人想像的成功運用者，他的名作《地洞》，通過一隻老鼠打洞的心理的展示，反映了現代人生存中的不安全感。

　　寫作時如果能給想像一個「支點」，思維的「窗子」就會打開：議論可以縱橫捭闔，記敘則可以收放自如。

　　那麼，如何巧找准想像的「支點」，給作文插上想像的翅膀呢？

一、由點及面，由某一人物而展開想像

　　小說中的人物和真實人物不同。他是作者虛構的，而這種虛構的人物來自小說作者的心靈之中，是融有作者的血肉靈魂性格、氣質的「臆造」的人物。小說中的人物是作者展開想像、通過虛構創造的，在廣泛地集中、概括眾多人物的基礎上塑造出典型人物。巴爾扎克在談人物塑造時指出：「為了塑造一個美麗的形象，就取這個模特兒的手，取另一個模特兒的腳，取這個的胸，取那個的骨。藝術家的使命就是把生命灌注到所塑造的人體裡去把描繪變成現實。如果他只是想去臨摹一個現實的女人，那麼他的作品就不能引起人們的興趣，讀者乾脆就會把這未加修飾的真實扔到一邊去。」

　　魯迅筆下的人物大多是這樣的。他說：「所寫的事蹟，大抵有一點見過或聽到過的緣由，但決不全用這一事實，只是採取一端，加以改造，或生髮開去，到足以幾乎完全發表我的意思為止。人物的模特兒也一樣，沒有專用過一個人，往往嘴在浙江，臉在北京，衣服在山西，是一個拼湊起來的腳色。」記敘類文章的寫作必須塑造這一個典型形象；而議論類文章的寫作如果只是泛泛地援引多人的事例，難免會有拼湊之嫌，倒不如選用一個人的事例，或「切割」分析，或進行評述。

二、由因及果，由某一見聞而展開想像

　　生活處處皆學問。「合為時而著」的文章需要針對某一生活見聞有感而發：餐桌上聽到的一則趣聞，電視上看到的一則報導，無意中瞥見的一朵花開，邂逅故人的一次閒談……這些都可以成為寫作的誘因。如果再能對此追因溯果地往深處想，那麼小小的生活見聞就可以成為思想的「觸點」，藉此表現生活的真諦。

　　例如，二〇一〇年重慶高考滿分作文〈難題〉。該文視野開闊，取材於二〇一〇年的社會新聞：瓜地馬拉之洞和墨西哥海灣之洞。難能可貴的是，該考生還想到了這兩個「洞」帶來的其它難題：瓜地馬拉這個巨大的洞所帶來的交通、社會治安、人心穩定等問題給政府出了一道難題；墨西哥海灣之洞洩露的石油將拋給人類越來越多的經濟損失、環境災難、社會問題等難題。最後，該考生由此又更深入地想到了「人心之洞」：人心的欲望之洞便是一個災難之洞。文章由實而虛，有創意地表達了「地球充斥著一個大難題──洞」這一鮮明而深刻的主題。

三、由小見大，由某一閱讀而展開想像

　　生活和閱讀，是寫作的兩個素材寶庫。尤其是閱讀經典的文學作品，我們則可以從中窺視更完整的人生、更多彩的世界。作品中的某一細節，往往會在不經意間觸動我們敏感的神經，我們的情思會因此飛揚起來。讀後感的寫作只是文思噴薄的一「泉」而已，更重要的是要能「於細微之處見精神」：以文學作品的細節觀照現實，從而放大對生活的點滴感悟。

　　例如，二〇〇九年江蘇高考滿分作文〈品味時尚〉。文章由魯迅小

說〈風波〉中九斤老太的「一代不如一代」這句經典之語創新思考，在驚看街頭「時尚」，難捨老年「時尚」，不解文學「時尚」的過程中，九斤老泰始終是那句「一代不如一代」的「不合時宜」之論。文末出人意料，居然連九斤老太那句「一代不如一代」都時尚了起來！這著實讓九斤老太「失神」，讓讀者「失語」！文章賦予了「一代不如一代」在當今時尚中的深刻內涵。

四、由此及彼，由某一物象而展開想像

　　生活中很多物象無不牽繫著我們的情思，見證著我們的成長。睹物感懷，寫作時可以某一物象作為思想的源頭，再由此發散思維。

　　湯世傑在〈洇濕的紅春聯〉這篇散文中，一副被雨水「洇濕的紅春聯」，勾起作者無言的惆悵，引發作者無盡的鄉愁，表達作者對自然、文化與人生的深刻思考。「無論隨後是豐是歉是福是禍，有一副紅春聯的日子，倒足足經得起一年三百六十五天的回味……」由此，作者感情的潮水在字裡行間開始漫溢。在這場自然界的風雨中，主人、守山人先後出場，他們不同的身份，不同的生活與作者的人生經歷交相輝映互為印證互為補充。

　　「洇濕的紅春聯」既是作者想像的「原點」，又是整篇文章思想表達的有力「支點」，也是最後的思想「結點」。這篇散文由「春聯」到「自然的風雨」以及「人生的風雨」，線索非常明晰：「風雨不解客意」，擋住了「我」的歸路；「雨在眼前，也在遠方」，洇濕的紅春聯「讓人眼前一亮」，由雨寫到春聯，十分自然；接著寫主人與「我」在雨中的遠望，並引出那位「只有雨季他才敢出來輕鬆地走走」的守山人；然後作者表達了對人生「風風雨雨」的深刻感慨；最後又在對風雨中春聯詩意氛圍的營造中收結，讓人回味無窮。湯世傑用飽蘸深情的筆墨描繪出富有詩

意的畫面，體現著作家對文明、文化的深沉思考。文中有對生活的歡喜與希冀；對理想與詩意的追求；對自然人生的思考與感悟；對整個世界的感恩；對自我思想認識的反思。

　　所以，作文運思時要嘗試著先以某一個獨特的物象為思想的出發點，再由此及彼地展開多維想像，從而讓文章內容豐富多彩，也讓讀者能清晰地把握文章縝密的文脈。

詩意地棲居

趙猛

江蘇省清江中學二〇一三屆

長得虎頭虎腦，平時涉獵廣泛，擅長一點文墨。

我一直堅信博學而篤志，切問而近思之後就一定可以乘長風，破萬里浪！

現考入武漢大學。

半生分秒必爭，半生與世無爭。

前不久看到這樣一幅廣告招商畫：遠處被鍍上一層銀邊的群峰簇擁出一碗平湖，湖中央有小舟一粒，細瞧去，一位身著西裝的現代都市人悠閒地仰躺其上。畫面簡單而閒適，最後便印有這行標語。

它一下就吸引了我的眼球，我想設計它的廣告商人縱不是飽讀詩書，也必胸中存點翰墨，否則，必無此雅致。我想，純粹的生活，也必如此般簡單，讓人回歸一種至純、至簡、至境的狀態。不由得想起了之前學過的蘇軾黑白鬥茶的佳話。

茶，確是如此簡單，源於塵土而止於流水。心想：不妨用只透明的玻璃杯來泡一杯春色吧。我用指腹搓了一小撮鮮嫩的茶葉撒進杯底，如碎玉落進深澗。再將煮沸的水倒進，一時竹雨繽紛，翩翩而下。又如清風過處，松濤陣陣。幾縷霧氣影影綽綽地升起，惹動著你的鼻尖。彷彿天地間只剩了一個人，一盞茶，一縷氣。這已不是牆上的畫、書中的詩，而是萬千萬象氤氳於胸中的悠然體會。

不由輕輕地啜上一口，茶湯惹動著舌尖，頓時激起一股電流流遍全身，彷彿一個美麗而古老的傳說在空氣中慢慢展開。茶順著舌尖滑向舌根，直至落在心上，如同靈魂深處滴落了一滴聖潔之水。

就像「神的一滴」──瓦爾登湖一樣，梭羅在那裡搭起木屋，開荒種地，寫作看書，過著非常簡樸、原始的生活。「看四季的輪回難道不是一種職業嗎？」在親近自然中，他獲得心靈的自由和閒適，感悟到了生活的真諦。

生活本簡單，何苦惹塵埃？

現下的人們為了金錢，名利而左右躥奔，心早已變得複雜了。結果，他們往往在擁有了權力之後才想起去追回當初的遺失的簡單，愜意。就連這也不免帶上了一種快節奏的氣息，不免強硬的「返璞歸真」了吧。這不是很累嗎？等到我們垂垂老矣再回顧一生時真能無畏微笑如同少年嗎？現在，又興起了「簡單」一詞，政府屬行節約，其實，簡單生活很簡單，一個人，一盞茶，就可以了，只不過是你的心境從未簡單過，所以生活也就複雜了。正如一位牧師所說過的一句話「你簡單，這個世界就簡單。」

詩意地棲居，人因植地於對簡單生活的歆羨而得以蔭蔽在美得濃蔭下。

小作者先由房地產廣告語引出「詩意地棲居」這一話題，接著自然過渡到「源於塵土而止於流水」的茶，在細膩的描摹中感受生活的簡單與美妙，再進一步從「靈魂深處滴落了一滴聖潔之水」引申到「神的一滴」──瓦爾登湖，進行哲理的闡發，最後，水到渠成，得出「人因植地於對簡單生活的歆羨而得以蔭蔽在美得濃蔭下」的主旨，令人叫絕。

文章要善於運用發散思維，這樣既見得豐富靈活、有文采，更見得深刻！容易的到閱卷老師的青睞。

張建霞

假如我是莫言

李大辰

江蘇省贛榆高級中學二〇一三屆
熱愛文學與籃球，喜歡於獨處中思考生活。
所寫文字多清新委婉，也有不少針砭時弊之作。現考入河海大學。

可惜，我不是莫言。

我也想生在那個年代，可惜晚了幾十載；我也想長在高密東北鄉，可惜隔了數百里；我也想在諾貝爾獎章上刻下自己的名字，可惜現在只能做著夢。即便不是做夢，假如我是莫言，一切又將如何？

假如我是莫言，我會比他更卑賤。「卑賤」，這是莫言用來形容自己的，想來也是，一個從鄉土中走來的孩子，一個從饑荒中走來的孩子，在那些「高貴」的人面前，如何不卑賤？可我就喜歡這種卑賤。假如我是莫言，我會更卑賤。我只是一個五年級就輟學了的孩子，上學這種「高貴」的學習方式不適合我這種低下的人。我更適合倒坐牛背，橫吹短笛，在鄉間小路上看夕陽落下，在燭火搖曳中聽長輩講怪異之事，在高粱地裡度過無憂無慮的童年。我不羞於提及自己的過去。輟學就是輟學，我就是一個文盲，卑賤的文盲，我不會因離開學堂而抬不起頭，高密東北鄉是我最好的老師。我不怕別人嘲笑我醜陋，卑賤的人無須姣好的面容，即使我來到都市，華麗的外套也掩蓋不了我的鄉土氣息，我就是這麼一個卑賤的人。

假如我是莫言，我會讓父親多揍我幾次。只因偷了一個蘿蔔，只因在眾人面前道歉而失了氣節，便被父親揍了一頓。而正因此才

有了後來的成名之作《透明的紅蘿蔔》。於是我想，假如我是莫言，我會讓父親多揍我幾次。偷完蘿蔔之後還可以偷蘋果、偷西瓜，繼而寫下《透明的紅蘋果》、《透明的西瓜》，成名後就可開一個果園，看著那些上門「偷」果子的人。然而看似歡娛，背後卻是悲情。我想讓父親多揍我幾次，是為了通過這說明父親對於我的巨大影響。最真摯的愛裡包含著最苛虐的酷政，想來也確實如此。假如我是莫言，我會享受父親揍我的每一次。我會在父親的巴掌落下時，挺胸抬頭，靜靜感受巴掌滑過臉龐時的疼痛與幸福，巴掌與臉龐的摩擦暗示著父親的艱辛。撫摸著火辣的臉龐，那是熾熱的父愛。我會在父親轉過身去後，默默偷看父親眼角的變化。我會在多年以後輕輕拿起父親的手放在臉上，感受當年的疼痛與幸福。和父親相視一笑，繼而淚流滿面。那些或疼或痛的畫面裡，父親總是有著憂傷的側面，在冗長的記憶後消失不見，然而卻能清晰感受到烙在臉上的巴掌印。這時，我會說：「最苛虐的酷政後往往是最真摯的愛。」

假如我是莫言，我會好好管住自己的嘴。想來也確實不易，一個從饑荒中走來的孩子，如何能做到這一點，然而如若不這樣，母親會更不易。我記得莫言在文章中寫道：「第一次吃肉，我一口氣就把一大碗肥肉吃下去了。還覺不夠，母親又把她碗中的分給了我。」不知寫到這兒，莫言會不會也想到，自己應該管住這張嘴？假如我是莫言，我不會在吃完飯後還喊餓，我不會接過母親的飯然後心安理得地吃著，我會忍著，哪怕饑餓難耐。我不會在送飯給爺爺奶奶時偷吃，我會控制自己的饞蟲只為了母親能不受責備。我不會因饑餓而乞食豆餅，我不願失去尊嚴更不想看到母親為此傷心。然而我想，即使我這樣做，母親會照舊把食物留給我。我還清楚地記得劉醒龍曾說：「不要相信兒子對母親的承諾，不是兒子不孝順，只因為母愛太偉大了，做兒子的到老也離不開。」我彷彿看到了母親瘦小的身軀在夕陽中漸漸消失，相對而視那一刻，我才懂得，母

親用滿臉皺紋化出來的笑意，勝過我在生活中遇到的所有溫暖與溫馨。

假如我是莫言，我會永遠做一個卑賤的人，做一個懷念父親巴掌的人，做一個努力管好自己的嘴卻又無法拒絕母愛的人。即使我不是莫言，我更是一個卑賤的人，一個臉上印有父親巴掌印的人，一個擁有無私母愛的人。

其實，莫言只是一個普通的人，其實，我也和莫言一樣。

飽讀莫言作品的作者看到「假如我是莫言」這個題目時，好像遇到了老朋友，這得益於他豐富的讀書生活。作者把對莫言作品的理解上升到對人格的解讀。正如莫言談到的，他的作品的原型均取自他身邊的人，他是一位十足的草根文學家。作者正是抓住這一點，從三個方面寫出了莫言所生活經歷和創作之間的緊密聯繫，內容似調侃又切合實際，似隨意又一語中的。作者從平等的角度，不是看到神壇上的莫言，而看到光環背後普通的一面，這也是他最真實的一面。

尚延聯

假如我是啄木鳥

安明

江蘇省贛榆高級中學二〇一三屆

乒乓球轉得比魔方快，思維轉得比乒乓球快。酷愛數理，亦喜文史。

現考入清華大學。

　　不遠處的樹下，一個商人誠懇地盯著一個工人。我瞟了他們一眼，「嘩——」地撲棱到離他們更近的樹上，對著一個小樹洞「篤篤」地啄了兩下。

　　天空很亮，很和諧。

　　工人面色黝黑，袒露的臂膀經脈分明，腳落在鬆軟的土地上，幾乎就分辨不出了。商人也換上了短袖短褲，但這似乎並沒有拉近兩人的距離——他的皮膚白得扎眼。他們在那裡很久了。工人的臉棱角分明，黑洞洞的眼滿是樹色。他的手黑而不枯，像樹林裡豐潤的樹枝。大概任何一個人，普普通通的人，只要在樹林裡住上十年都會變成這樣。可有誰願意呢？商人拿極友好善良的眼光看看工人，又看看我，卻絲毫沒有敬畏的神情。

　　我依舊冷眼。我醫樹十年，數的斑駁枝影投在我的心間，將我緊緊擁抱。要我離開？

　　「我不在乎錢多錢少！」工人毫不卻步。據說他對我的家有所有權，這讓商人煩透了。人所設置的東西常會與其欲望相矛盾，而他們是否會意識到，他們的欲望與他們的未來相矛盾！商人，你說保護？你會讓這片森林得到合理而有效的開發？你會讓這裡成為人與自然和諧的典範？

天空很亮，很白，像一塊剛洗淨的大卵石，無聲。

我想起一個雨天。那是一場兇猛的暴風雨，我摔在地上，無力地呻吟。工人趟著泥濘捧起了我。在他的小木屋裡，我躺在墊著粗布和樹葉的籃子裡，汗味和著樹葉的清新湧進鼻中。盯著他的手看了許久，我用長嘴啄了啄他寬大的手掌，他樂呵呵地，讓我誤以為太陽藏在了他家裡。他眼中是父親般的喜悅，溫柔地理著我被風雨撥亂的羽毛。後來，我醫了棵樹，收了一片美麗的紅葉，叼給了他。

我展開繽紛的雙翅，又緩緩收攏。忽然，我有一種衝動，想用翅膀在天空的每一角落畫出我的身影。我盯著兩個人。

樹林深深，兩人的身影似乎要被濃濃的樹影吞沒。終於，商人的語氣變得十分沮喪，眉毛撐得幾乎掉了下來。我聽見他勾畫出的「宏偉」藍圖：大型的影視城，天然湖划船遊，高價樹葉收藏，多餘的樹造紙……我也聽見工人說，他的名字也叫啄木鳥。

商人無奈轉身，身子細得擠進了兩縷陽光之間。他的和諧和他的身影一樣脆弱。而工人立在遠處，腳底彷彿生了根，發了芽，柔順的藤條蜿蜒而上，開出絢麗的花。

天依舊很亮，亮得透明，亮得晶瑩。

我好奇：「我醫樹，你醫誰？」

洪鐘般的聲音回蕩在風裡：「我醫己，醫心，醫人。我要喚醒世人對和諧自然的尊重。」

本文大膽運用擬人想像的手法，從一隻啄木鳥的視角觀察「商人向工人收購森林經營權失敗」這一事件，進而揭示出「尊重自然，保護自然」的主題。文中的「我」既是旁觀者，又是參與者，事情的來龍去脈在「我」眼中層層鋪開。生動細膩的描

寫使想像不是「天馬行空」，而是合情合理。題材並不新穎，但本文以小見大，想像巧妙，別出心裁。此外，對比、雙關、卒章顯志等手法的運用也使文章生色不少。

徐謙

眼光

馬夢婷

江蘇省南菁高級中學二〇一〇屆
好奇心強、求知欲強、思辨力強，堅信「我不是小草，只是大樹還小。」
現就讀於對外經濟貿易大學。

　　眼光，讓我很自然地想到了射線。所謂一眼萬年，即指好的眼光能如 X 射線般穿透萬物，山河無阻；而差的眼光則如那 α 射線，區區幾釐米的鋁板便阻絕了它的去路。

　　好眼光，眼中迸發的必是智慧之光，照亮世事，洞察秋毫。

　　且看伯樂，於諸馬之中識得千里驥驥，此之謂敏銳。

　　且看魯迅，用筆桿子硬生生擢破舊社會的爛紙衣，此之謂犀利。

　　且看鄧小平，改革開放的春風喚醒中華大地，此之謂深遠。

　　翻閱古今，不凡者自有其與眾不同的成功之道，故就其不凡，而平庸者多半都缺少這種或是那種眼光。

　　眼光，發自於心，現之於神。如今，我們看到的是人們逐漸趨於千篇一律的眼光，這些來自不同個體的眼光遠不如個體本身那般紛繁，那般獨特，那般錯綜複雜。

　　當周傑倫走紅，同時走紅的是他口齒不清的唱腔，人們紛紛效仿，這是時尚；當小瀋陽出臺，濃厚的娘娘腔架勢取代了時代應有的陽剛之氣，人們認為這是個性。我們不能強求臺灣人能有多麼標準的普通話，畢竟這對於很多大陸人來說也是一個很高的要求，並且這種唱腔淡化了文字，或許在某種程度上增強了藝術的表達效

果，說這是時尚無可厚非，但我想問的是，難道小瀋陽的姿態就是所謂的被人們所認可的個性？人們到底在用怎樣一種眼光打量周圍的人事，又究竟在追尋怎樣一種眼光來迎合自己的內心？

答案我無從知曉，但至少我知道這是一種非主流眼光，是一種集體性非主流眼光。或許我錯了，既然是集體性，又怎僅僅是非主流？應該是集體性主流眼光才對。我應該對此感到無比慶倖，當我看到所有的曾經的非主流進化成主流，便會在不久的將來泯滅，我便可以想像，在不遠的時空，人們的這種離奇古怪卻又普遍一致的眼光將會被阻擋，將會被另一種抑或是千千萬萬種其它的眼光所代替，如此輪回、交替，但千萬不要周而復始。

現代社會或許不乏有識之士，但從他們眼中射出的光實在是太微弱了，不足以穿透世俗的平庸與無知，更別說形成一股強大的引力場將那些所謂的「集體性非主流眼光」吸引過去，形成偏轉。他們的眼光自身甚至都有被吸引的危險。

必須說明的是，眼光──好的眼光並非與生俱來，它需要豐富的閱歷，敏銳的洞察與睿智的思考，在生活中不斷修煉習得。

多麼希望若干年後，人們的眼光變得獨到，變得理智，變得深刻，那樣，我即使是被熾烈的震撼的批判的眼光所灼傷，那我也在所不惜。

這是一篇議論性的散文。文章聯想開頭，起筆不凡，「眼光，讓我很自然地想到了射線」，用類比的方法將眼光的兩種性狀交代出來。長於聯想想像的作者將「逐漸趨於千篇一律的眼光」作為自己的論述對象，通過類比提出批評；通過演繹提出希望；通過對比提出憂慮。模擬也好、對比也好、演繹也罷，都

離不開聯想。可見，議論文裡用好聯想想像也能和詩歌、小說等一樣出彩。

劉正旭

霧中思緒

張潔平

江蘇省贛榆高級中學二〇〇九屆

這是一個自認為平凡的女生，卻每每有著自己的人生定位，
有著出人意料的表現。現就讀於香港大學。

　　「哎呀，六點二十了。媽媽，我走了！」我急急忙忙出了門，
身後傳來媽媽的叮嚀：「今天霧大，騎慢點。」「知道了。」我應著，
騎著自行車一頭沖進茫茫霧裡。

　　這霧還真大，兩三米外就是茫茫一片，什麼都看不真切。置身
其中就像掉進一個沒洗乾淨的牛奶瓶，只覺得四周都混混沌沌、灰
濛濛的；但自己身處的地方總是那麼明亮、清晰，自己走到哪裡，
哪裡就明亮起來，那種感覺很像舞臺上的光柱以你為中心，隨你移
動，非常不錯。

　　不知不覺地，我騎上了一條筆直而寬闊的道路。這時路燈剛剛
熄滅，在霧中，四周仍然十分黑暗。抬頭望望，前路茫茫，能見度
似乎更低了，路旁的樹都很難看清，更何況前面的路況，只能「摸
索」著前進。我無意間回頭望望，剛剛騎過的那塊路邊顯眼的大石
頭呢？我還差點被絆了一跤，怎麼沒有了？還有剛剛令我頗為自豪
的那個「舞臺的中心位置」呢？我還以為十分顯眼，誰知也這樣消
失在迷霧中了。身後一樣是茫茫一片，剛剛經歷的那些印象深刻的
地方，都已找不到蹤跡。只有現在，現在我身處的地方還較為清
晰，可是過一會兒，它也會一樣不復存在。

　　我不覺有些感慨：這其實很像人生。我們經歷過的一些曾認為

是十分重要的事情，或者你認為曾處於的那個很重要的位置，一旦它們屬於過去，它們就會不復存在；而未來也同樣如此，我們都是極普通的凡人，我們無法預知未來，未來一分鐘甚至一秒鐘會發生什麼，誰也不能肯定，也許這便是所謂的「世事難料」吧。因此，把握未來是不現實的，同樣，過去也不值得我們留戀。我們要面對的，也是能面對的，只有現在。現在對於我們來說才是最真切的。把握好人生中的每一個現在，也就是把握了人生。

想到這裡，我不再回頭，也不再對前面的道路有什麼非分的希望，因為我已明白：我要走好的，是現在的每一步。

本文由自然現象聯想到社會現象，由上學走路聯想到人生哲理，這就是文章的構思。可貴的是，上述聯想十分自然，毫不牽強。另外，描繪霧中景物真切傳神，讓人如臨其境。例如說自己走入霧中「就像掉進一個沒洗乾淨的牛奶瓶」；「自己走到哪裡，哪裡就明亮起來，那種感覺很像舞臺上的光柱以你為中心，隨你移動」，兩處比喻若非親身經歷是寫不出來的，而喻體恰恰是聯想的結果。大聯想裡套著小聯想，文章內容得到充實，主旨得以深化，這應該是很好的寫法，值得同學們借鑒。

徐維剛

最熟悉的陌生人

莊婉茹

江蘇省海州高級中學二〇一一屆
性格開朗，閒時畫畫或是看小說。現就讀於中國藥科大學。

幾縷陽光透過窗格子。繞過紅柱；房前，綠影婆娑，在此刻卻已消魂；秋風淡淡。菊花的香氣伴著胭脂香，在園間小道上來回遊移，如一浮煙圈，蕩漾開去……

女子移步小道，舉止娉婷，終在假山下的一簇菊花叢邊停住了腳步。纖手撫過那柔軟的花瓣，有暗香盈袖……

黃昏後，女子……

我從來不曾見過她，她也不知道遙遠的世界裡，在一個小小的角落有我；但是，歷史的點點痕跡，在一段段文字中，漸漸勾勒出她的輪廓，一顰一蹙，動人心魄。

她永遠是一朵奇葩，絢爛地開放在文雅的行句中。

她的沉痛與哀傷是一道無法抹平的傷疤。可能是丈夫的離去讓她無法接受。可能是時局的變蕩讓她無所依靠。我始終不願意將這樣的一個弱女子與此聯繫起來，我很想回想她的前期，那個堅強，自信的她。

夕陽的餘暉從江河的盡頭鋪展開來，映得天空也微微泛紅。

船頭的銅鈴伴著搖櫓聲。在水花的交應中，輕一下重一下地響著。一切的一切，都在結束往日的躁膩與喧囂，在此時，浸潤著自己的靈魂和微熱的血液。

獨坐船尾，在荷花的清淡香氣中閉上雙眼；惹人眼的荷葉在碧波中搖擺，蘆葦蕩過去，在風清時去迎接冰涼的河水。頓時，寧靜像是被放飛的鴿子。連天空也是難得安靜。她也是安靜的，柔弱的她此刻肯定不會大笑，而是漸漸離去，嘴角輕輕上揚。「爭渡，爭渡，驚起一灘鷗鷺。」遙望遠方，看得見我嗎？

　　她的才氣，無論何時何地，都一如她細膩的心，女子的清雅如夢。

　　沉醉花蔭。「人比黃花瘦」。閒情亦如天邊絲絲縷縷的愁雲。此時的她，也依然是小女子般的嫻靜。誰知此後，一切的驟雨都會紛紛而臨。

　　梧桐如小雨般的淅瀝。依然黃昏時，菊花已謝，只落得「滿地黃花堆積」。倚欄而望，雁子飛過時。托它帶信。可笑的是，能帶給他嗎？生命中不可承受的輕。人去樓空，思念從何而起。

　　她是堅強的，在吟出「尋尋覓覓，冷冷清清，淒淒慘慘戚戚」時，淚如煙雨。什麼都帶不走也帶不去，正如這雨水般，打亂著時間的節拍，在一天的最末時，沒有日落。而是天青色煙雨。

　　她的心，碎了吧。畢竟我不是她。我很想替她分擔些什麼。跑進雨中，直到迷失雙眼‧是淚水或是雨水誰又知道呢？芭蕉葉僅剩的軀幹同殘落的菊花一起凋落，一點點被打濕、磨滅，空氣中只剩下一點點清香伴著屋內圈圈繞起的檀香，在無情的毀滅中消失，又在新生的希望中崛起。但是，即使那個嬌小的她再堅強，即使吟出「生為人傑，死亦鬼雄」的絕唱，她真的禁受得住嗎彜

　　最終一切沉淪。但光華不滅。

　　夢中，一女子在淺淺地笑，映著紅磚，黃花，李清照，永遠的李清照。

文章意境是難以描繪出的，這是由課本的一副插畫寫下了這篇文章。其實真正優美的意境與想像力分不開，也與自己的心意分不開。夜沉沉的，燈光暖暖的，用鋼筆寫的字香香的，和那個遙遠的自己的一次相遇何嘗不是一件美妙的事。無論是濃豔的色彩，還是雲風花鳥，只要眼睛看得遠，就可以畫一個自己喜歡的世界。

馮新海

畫不出的自畫像

李迅琦

江蘇省南京市第十三中學二〇一二屆

熱情洋溢，愛哭愛笑，享受浸泡在文字中純粹的自己。現就讀於南京大學。

　　我閉著眼睛，眼前卻非暗黑，我看見流動的色彩奔湧，像最後一個海子那般不羈。我試圖向前邁一步，卻總感覺將踏進鋒芒，我知道，我畫不出一個「準確」的我。

　　我坐在東郊美樹苑×棟×室寬敞的沙發上。一個客廳三個房間兩個衛生間兩個陽臺全屬於我，最愛我的只有那舉世無雙的爸和媽。爸爸一米六五的個子和我一樣高，他總是一大早爬起來就打開電視直奔 CCTV-9，他喃喃地說著蹩腳的英語還故意壓低聲音。這時候的我，臉上會灑滿金色的神氣，徑直奪過遙控板，「看什麼看，聽又聽不懂，說又說不好，裝什麼呢！」但看見爸爸在一瞬間裡由自卑變成氣惱的表情，還是抽搐了一下面部肌肉，忙不迭地躲避。爸爸還常把英文報紙塞到我的手裡，他勾畫好了段落，說還要聽我品析，我總是一邊聽一邊點頭，他一出去我就眨巴一下眼睛拈起報紙直接扔到床上去。因為我知道永遠有一個爸爸站在電視機旁等著被我激怒，總有一堆他拿來的報紙等我翻閱等我品析。媽媽總是坐在電腦旁把腿翹到桌子上打撖蛋，我會偶而跑去親她一口，再說她這樣子下去真不行，媽媽卻似乎要一直這麼懶下去。但一聽見我咳嗽，她就結束遊戲沖出房間給我找藥治病，她喋喋不休，嘮嘮叨叨，於是我總是沖她：「有你這麼給人吃藥的嗎？一次吃五種，沒

病還要給吃出病呢，瞎搞！」但她還是接水、摳藥，把它們塞到我手裡，說著：「廢話少說！」但我能看出她眼底的關心。我總是朝她發火撒氣毫不猶豫，因為我知道永遠有一個她在家裡等著，餵我吃每個夏天的第一口西瓜——飽滿、多汁、無籽，就像她毫無保留的愛，那樣甜蜜。

這是第一個我，驕蠻任性，大小姐脾氣，穿著睡衣光著腳在家裡晃來晃去，可我知道爸爸媽媽永遠不會離去。而我，也只是吝於說一句，我愛你。

我坐在空曠教室裡的聚光燈下。幻想著自己身處一個巨大的舞臺，導演著自己的戲。但台下空無一人，沒人理解沒人聽。我唱著屬於自己的一首歌：「可能忙了又忙，可能傷了又傷，可能無數眼淚在夜晚嘗了又嘗，可是換來成長，可是換來堅強，如今我站在臺上……」唱歌的時候，我總是有種靈魂燃燒起來的感覺，我張大嘴巴，手舞足蹈，像一隻獅子一樣，毛髮亂飄。偶而的一次吸氣一次吐氣，卻又像有千斤的氣壓低在胸口，每發出一絲音，就恍如流了一絲血，飲了一樽酒，讓我激昂讓我醉。執筆的時候也經常有這種感覺。但文字很多時候更讓我的心灼熱得痛苦，我時常感到有無數的思緒被光牽引著，捆著我的心臟，它們一同上，讓我無法喘息。我總是想把所有的東西表達出來，把它們從心裡傾倒出來，卻怕它們有所損壞。於是我無數次地放下筆，把手心的汗抹到膀子上，深吸一口氣，再拿起筆，可是每動一下，彷彿就有千萬隻螻蟻齧噬著我的心，我像一個無家可歸的人，面部表情讓人目不忍視。我想喊、尖叫，直到叫不出聲音。曾經有朋友說我是即使飛蛾撲火也要愛要恨的，我在音樂和文字中，就像一隻飛蛾尋覓火，尋覓死與生的撞擊。瑪律克斯曾在獲諾貝爾獎時說：

「人們孤獨的癥結即是缺乏想像力。」我在一個人的時候，孤獨像睡眠一樣餵養我，心的想像像一次盛大的災難。

這是第二個我。孤獨於我，似是一種燃燒的狀態。我做著自己喜歡的事，臉上可以塗滿油彩，眼睛可以聚光，頭髮可以豎起來。

我坐在從南京開往北京的D216次列車上。真實地經歷一種路過，窗外的景致飛快地和我擦肩而過，天闕只是慘白得看不出顏色。綠意，遍野的綠意，我在這第一次自己遠行的路上感覺他們鋪天蓋地地要將我湮沒：時間與空間並肩同行，我恍然看見自己在另一個時空中，茫然無措。而一切總是不可阻擋地向前駛去。太快了。將要十八歲的我，好像被什麼推著成長。高考似是對少年們的一次集體命運規劃，我們從上學那一天起就被拽著跑，不知跑了多遠，到如今都不知道自己還會不會跑。我害怕自己墜入一種狀態，就如同村上春樹在《且聽風吟》裡所說的「我們無所謂生，無所謂死，只是風。」這樣一陣風它可以吹多久？它是否會將人心吹得失去暖意，透心寒冷？它是否甚至揚不起一片塵埃？青春如此地短，夢途如此漫長，我又能否走下去？我害怕自己的人生也像王小波說得那樣：「是一個慢慢受縋的過程。」我握緊自己的手，摘下耳機，望向窗外，由南到北，路途之遠，仍是同一片天，雨未下，我還在路上。或許吧，未來之遠，我無法預計，只能如此一直行進。但我畢竟帶著青春的莽撞，我許下一個願：無論未來多遠，我要一直奔跑。

這是第三個我，我再次閉上眼，就如同剛開始畫畫一樣，我仍然看見顏料像精靈一樣亂跳亂撞，它們躊躇，它們微笑，在慘白的畫紙上最終烙下了兩個字——青春。「青春的可貴不在於年輕的歲月，可貴的是熱情和勇敢的心——不怕付出，不怕受傷，不怕去愛，不怕去夢想……」這三個我，構成一個我，它們揮手致意帶著生命的滾燙。

畫不出一個特定的我，呼不出一個真切的表情，我握著的筆，畫一幅畫不出的自畫像。

一個畫不出的自畫像，其實就是我的自畫像。這「畫不出」的自己，巧妙的化解了「我是誰？」這一難題，面對靈魂這樣的終極拷問，一個高中生如何回答？

第一個「我」是具象的，是感性的。在家中，在和父母的嗔怪嬉鬧中，一「奪」、一「躲」、一「扔」，那個驕蠻的小公主就是這麼的自在。如果說別人眼中的我可以通過和別人的互動來展示，那麼我眼中的「我」呢？第二個「我」更多的時候是抽象的，是孤獨的，也許還是矛盾的，是瘋狂的，是自戀的，是個連自己都不知道的「我」，那個站在一個人舞臺上的人，是個困獸，是個飛蛾，是那樣的誇張，可又是那麼的真實可感。難道這就是「我」？當然不是，即將十八歲的我，審視著這一切時，是理性的，眼光或許迷茫，但內心異常堅定。

是的，「畫不出」！也許當我們畫出那個以為是自己的人時，她已經不是自己了。

可是「畫不出」的時候，她卻這樣活靈活現的站在我們面前了。

蔣曉蓮

生活如書

金茜茜

江蘇省海州高級中學二〇一一屆
酷愛文藝，外表小家碧玉，性格卻是俠女風範，屬於典型的表裡不一！
時常想像自己攜一柄利劍，騎一匹快馬，行走江湖，路見不平，拔刀相助，
然後消逝在黃塵古道中。對我而言，過去平淡無奇。而未來，卻絢麗繽紛。
現就讀於蘇州大學。

這十多年來，我一直在讀您，生活。

您生命的大書裡，沒有華麗的文字，卻有精彩的語句；沒有慷慨激昂的氣勢，卻有扣人心弦的情節；沒有激越的感情，卻有一顆細斂的心。

跟隨著我生命的每一個蹤跡，您在我的成長裡寫下感動，繪出溫暖；追溯到我的每一次喜悅，您在我的成長裡寫下一感激，繪出微笑；沿著生命的旅途，我一步一步堅實地走過；沿著人生的起點，我一次一次踏出新的希望；沿著您的軌跡，我一遍一遍寫下奇跡。

每當尚不解事的我寫下一個個問號，每當幼稚的我用蠟筆塗染您的封面，每當長大的我寫下一句句奮鬥目標，您總是笑著跟我說加油，在您的這本大書裡我讀懂了如何變得堅強，我學會了如何笑對人生，我看到了我的不足與缺點。在字裡行間我懂了怎樣感謝他人，在字裡行間我學會了如何感恩，在字裡行間裡我知道了如何面對挫折。

爬滿歲月的鬢角，我聽到了您行走在我生命中的聲音，斷斷續續，忽急忽緩，卻鏗鏘有力不曾放棄。每一天，您在我生命中書寫幸福，每一分鐘，您在我成長中寫下精彩，每一秒，您在我心中寫

下永恆。

　　我就是那個每次在您的大書中留下腳印、寫下奮鬥的人啊!中國古老的大地上曾經有一位歌者，他歌唱生命的傳奇，綿延的華夏；他歌頌生活，他熱愛生命，他為我們築起了一片鋪滿鮮花和彩虹的天空，他用不斷的追求寫下標題，他將他的一生作為內容，他用他的步伐詮釋了價值。

　　在生活您這本大書中，彌漫著不屈和堅毅，每當我如獲至寶地讀您時，內心便湧出一股自豪之情。您那扣人心弦的情節讓我受益匪淺，您那精彩的內容讓我拍手叫好，您那顆顆細緻而樸素的心讓我難以忘懷。

　　每當我讀您這本大書時，我都有種迫不及待的衝動：想寫滿您的每頁，不論是精彩還是單調，只要我還描繪著：不論足絢麗的還是平淡的，只要我還追求著。

　　生活啊，讓我一次義一次地讀您，讓我一遍又一遍地寫下追求!

　　文章抒情性極強，可見作者對生活有濃烈的熱愛之情。本文的光彩處主要表現在形式上。作者用優美流暢的語言、以聯想的飛躍闡述了她的生活的個性化理解。抒情真摯深沉，比喻句的運用，使文章生動直觀；擬人手法極為精彩：「爬滿歲月的鬢角，我聽到了您行走在我生命中的聲音，斷斷續續，忽急忽緩，卻鏗鏘有力不曾放棄。」這裡又騰飛起想像的翅膀，把生活當做一個旅途中的行者來寫，頓時增加了文字的滄桑感；而且文章多用排比句式，勾連而下，鋪排羅列，增強了文章的表現力。

李如鳳

沉醉

田小娟

江蘇省灌南高級中學二○一三屆
善解人意，沉靜之中帶著幾分倔強，淳樸之中透著踏實。
現考入河海大學。

　　何止一次，在我的書中，有那斜斜的花針雨飄過。細如針尖的
雨絲疏疏落落，撫上錯落的白牆，濡濕玲瓏的牆角，掠過柔風中曼
舞的柳條，沾上纖纖幽幽的馨香，慢慢地飄向黛色深處。細雨遠
了，遠了，在視野的盡頭似乎蒙上了一層淡淡的輕煙，輕輕彌漫
著，漸漸地漫散開來，不知何時，我已被這逸著清幽馨香的輕煙籠
罩了。

　　那就沉醉下去吧。我總是對自己如是說。

　　總是會沉醉的，在這淡煙細雨的縈繞下，靜靜地看著這素牆青
瓦，輕輕地呼吸著幽幽花香，誰能不沉醉呢？

　　沉醉中卻總不能心安。這淡煙細雨花香中，還缺了什麼呢？在
如塵的記憶中，我努力搜尋。

　　哦，是它，是在古老的戲臺上上演的淒婉的《梁祝》。那古舊
的戲臺必是搭在水中的樓閣，朱漆早已不再鮮豔，斑斑駁駁地碎在
或許是梨木的臺上。「樓臺會」中獲悉逼嫁的震驚，纏綿悱惻的「十
相思」，山伯的苦酒，英台的悲淚，更有「哭靈」中那驚鳥落花、
感天動地的哀慟，怕只有在《梁祝》中才能見到吧！

　　談到「情」字，天下奪魁的《西廂記》自然少不了。「願普天
下有情人，都成了眷屬」的自由自在的愛情是最美的。「琴心」中

鶯鶯步上風掃殘紅的香階，抬頭凝望空中的淒冷，不由她心不生哀怨。母親賴婚，以兄妹之約生生擊碎了她美麗的愛情夢，在淒清的月光中，在盈盈的哀愁中，她怎能不感歎「那團圓月偏照孤穹」，「只有高唐來夢中」呢？

風過處，落紅陣陣。牡丹謝，芍藥怕，海棠驚。那楊柳帶著愁，桃花含著幽恨，與我一道，在淡煙疏雨中，靜靜地傾聽哀婉的故事。

說到「情」字，自然少不了大觀園中那位哀婉動人的林黛玉。在那華美的大觀園內，黛玉像黑暗裡開出的花，丟至地上，一朵朵擲地有聲，碰撞一起便牽出攜著質感的細碎聲響。於是，你那緊閉的心門被推開了，你腦海深處那根最柔軟的神經被敲響了，你沉溺在悲傷卻不失美感的愛情故事中，你的回憶被淚水浸濕了。在那美麗而危險的大觀園內你有一簾幽夢，卻不知與誰能共。欲說無人能懂。窗外露更深重，夜夜落紅成塚，春來秋去俱無蹤，徒得一簾幽夢。又有誰能解你情衷。誰將柔情深種，若能相知相伴又相守，寧願將命苦，獨守這一份情衷。但鄉愁女卻犯了多愁病，一方方舊帕惹相思，直至氣悠悠，嗽聲聲，淚汪汪，心悶悶，卻仍放不下你的青梅竹馬的寶哥哥，放不下你的那份融於血、隨血存於心的愛情啊！……

此時，心已有了歸宿，夢也有了天堂！

作者能夠圍繞愛情這個主題，通過聯想想像，跨越時空，組織材料。

作者選取了經典名著中的三個愛情故事，即淒婉的「梁祝」，唯美的「西廂」，悲楚的「寶黛」，評述主人公在封建社會中為了追求自由美好的愛情而所作出的努力，充分肯定了他們的

勇敢堅強和對愛情的執著。

文章語言清新淡雅，生動自然，字裡行間透露著一絲憂傷，飽含對他們的同情、理解。

徐虹

高考作文中聯想的運用

江蘇省贛榆高級中學 王經軍

（江蘇省中學語文特級教師、教授級中學高級教師、副校長）

　　韓寒參加第一屆新概念作文比賽時，因為沒有接到複賽通知書，錯過了複賽。舉辦者決定給韓寒一次補賽的機會，單獨給他設立考場，重新命題。評委拿來一個玻璃杯，把一塊布揉成一團，扔進有水的杯子裡，只說了一句話：「就這個題目，你寫吧。」在短短一個多小時後，布浸足了水，沉到杯底，韓寒的文章浮出水面。

　　這篇文章就是〈杯中窺人〉。在這篇作文中，韓寒由現象深入本質，將人生比喻為一塊投入水中的布，它會慢慢被水浸染，慢慢向下沉落，直至沉入杯底。人生本來潔白無瑕，但一投入到社會之中，就會被社會這盆水所沾染、侵蝕。逐漸失去它的本色，直到完全墮入到這個社會之中而無法自拔，這樣的構思表現出韓寒奇特的文思。韓寒最終獲得大賽一等獎，並由此走向他的專業寫作之路。

　　由一塊布沉入杯底的過程，韓寒聯想到人被社會這個大染缸污染的過程。在寫作中，韓寒由此情此景此境而想到彼情彼景彼境，這種由此及彼的思維過程，就是聯想。

　　那麼，我們在作文中，怎樣展開聯想呢？大體說來，我們可以從「相近」、「相關」的方面去聯想，也可以抓住「相似」的特點展開聯想，還可以朝著「相對」、「相反」的方向去聯想。

下面，我們就結合二〇一三年江蘇高考中出現的優秀作文來談如何進行合理的聯想，從而寫出文章的深度。

　　江蘇高考作文在連續七年的命題作文之後，今年華麗轉身，以新材料作文的形式呈現。材料內容為：

　　幾位朋友說起這樣一段探險經歷：他們無意中來到一個人跡罕至的山洞。因對洞中環境不清楚，便點燃了幾支蠟燭靠在石壁上。在進入洞穴後不久，發現許多色彩斑斕的大蝴蝶安靜地附在洞壁上棲息。他們屏住呼吸，放輕腳步，唯恐驚擾了這些美麗的精靈。但數日後再去，卻發現這些大蝴蝶已不在原地，而是遠遠地退到了山洞的深處。大家若有所悟，那裡的環境也許更適宜吧，小小的蠟燭竟會產生這麼大的影響。

　　這樣一道材料作文題，看似簡單，實際上能確定一個好的立意並不容易，因為如果僅僅停留在人與自然的層面，立意不免太膚淺。而要寫出有深度的文章，就需要我們能夠由材料本身合理的聯想，挖掘深層次的立意。

　　有一篇題為〈非寧靜無以致遠〉的文章開篇是這樣寫的：

　　莫言獲得諾貝爾文學獎後，全國掀起一陣莫言熱。而莫言本人在開完一場新聞發佈會後便消失在大眾的視線中，安靜創作新作品。

　　在我看來，莫言便是那只在人跡罕至的山洞中的美麗蝴蝶。人們借諾獎發現了這只蝴蝶，而蝴蝶選擇的是退居山洞深處，正如莫言選擇遠離公眾。因為那樣的安靜環境才適合這些美麗的精靈，適合莫言。

　　這篇文章中作者由蝴蝶選擇遠離塵世的干擾聯想到獲得諾貝爾文學獎的莫言選擇遠離公眾，這就是恰當地進行了相似聯想。相似聯想是本質不同的事物間的聯想，它的基礎是事物間的「相似」。如唐代韓愈的《馬說》，由千里馬被埋沒，聯想到人才被埋沒；明代劉基的《賣柑者言》，由「金玉其外，敗絮其中」的柑子，聯想到封建社會那些道貌岸然內心骯髒的官員。

在〈非寧靜無以致遠〉這篇文章中，作者由莫言追求內心的寧靜，又聯想到於丹在北大被嗆一事。作者這樣認識于丹在端了多年的心靈雞湯後被人轟下臺事件：

正是于丹在成為美麗的蝴蝶被人發現時，不懂得如何退居深處，如何來保持一顆寧靜的心，所以她只能遭到人們反感，最終失去成功。

在這個材料的使用上作者很好地將聯想的角度朝著「相反」的方向去思考，審視我們今天社會的喧囂與躁動。

相反聯想可以形成事物的對比，而對比可以使正反事物的性質更加鮮明、特點更加突出，也更容易讓人認識、把握，從而使人們對事物本質的認識更加透徹。

通過這樣的選材，作者已經把自己的觀點旗幟鮮明的亮了出來，但是僅僅以此闡述今天社會的煩躁說服力還是稍嫌不足，於是作者進一步聯想開去，寫道：

當郭敬明充滿早戀、貪婪、頹廢的作品發行時；當韓寒『巴金文采不好』的言論風生水起時；當當年明月的著作爆棚時；當馬諾、芙蓉姐姐在網上受到熱捧時，誰能告訴我，我們那一顆寧靜的心在哪裡？

作者通過對當今社會上存在的一些醜陋的現象進行列舉，使其觀點的表達更加有力。這些內容都是由於丹事件生髮的相關聯想，從而引發讀者進一步思考。同時，文中還以周汝昌、季羨林、楊絳這些文化大師們的淡泊與之形成對比，越發增強了文章的說服力。從而水到渠成的提出：

讓我們找回最初的寧靜，讓我們在內心修籬種菊，讓我們懷抱謙卑寧靜的心走在社會上。非淡泊無以明志，非寧靜無以致遠。視自己為天地間的一粒塵埃，用寧靜平和的心看待世界。我相信，低到塵埃，便能開出花來。

這篇文章最成功之處就在於合理的聯想。從「蝴蝶」的角度展開聯

想，由遠離塵世干擾的蝴蝶聯想到現實中遠離公眾的莫言，繼而聯想到四處招搖的於丹，以及當今社會上文化的喧囂，有相似聯想、相反聯想，也有相關聯想，使文章既有厚度，更有深度，獲得閱卷專家的青睞也就理所當然了。

另一篇題為〈莫驚擾，讓生命安寧〉的文章則是從「人」的角度來思考，文章是這樣寫的：

人們點燃蠟燭，懷著對自然、對生命的虔誠放輕腳步，唯恐驚擾蝴蝶，卻實則造成對這些美麗精靈的驚嚇。

作者由此認識到「讓生命處於其最自然的環境，才是對生命最大的尊重」。聯想到攝影師星野道夫在用攝像機捕捉自然最靈動的生命的過程中從不驚擾生命的安寧恰恰是源於他「對自然有最深的愛，對生命有最深刻的理解」，而許多野生動物園、自然保護區對動物「看似是保護，其實是對這些生物的環境、安寧的破壞」。這裡面的聯想還是屬於同類事物之間的聯想，同類聯想中又運用了對比聯想。不過，如果僅僅是在這方面做文章，立意上就很難達到更高層面。接下來，作者將筆鋒一轉，聯想到柴靜的《看見》中講述的事情，柴靜採訪艾滋村的兒童，那些孩子們見到攝像頭都躲得遠遠的，見到城裡人總是流露出驚恐的神情。由此作者認識到：

這些生命需要的是讓他們舒適的環境，是安穩的生存，是我們對他們最基本的尊重。我們可以關愛，卻不要涉足；給他們安寧，給他們內心的靜與理解，這才是對生命最深沉的尊重。

這就運用了相似聯想，這一聯想就由對自然的尊重提升到對人類社會中弱勢群體的尊重，最終點題「莫驚擾，讓生命安寧」。這樣使文章立意就有了更深層的生命意識、社會意識。

在運用聯想時，我們首先必須找准聯想的基點，也就是說聯想要以客觀事物間固有的聯繫為基礎。能夠由蝴蝶聯想到莫言，是由於他們都

有著不願意受外界干擾的共性所在；能夠由人對蝴蝶的驚擾聯想到我們對艾滋村的兒童的驚擾，是由於我們的關注、我們的憐憫傷害了他們。所以說聯想要從一定事物出發，並沿一定方向進行。而不能天馬行空，胡思亂想。

其次，在展開聯想時，我們必須使自己的思維盡可能新穎和廣闊，不能停留在狹小的空間和膚淺的層面，應該讓自己的聯想充分延展開去。〈非寧靜無以致遠〉一文中，多角度、多方面的聯想使得文章立意向深層次拓展，對如今社會中文化的躁動做了深刻的思考。

因此，恰當運用聯想，可以使我們的思維更加活躍，眼界更加開闊，文章的內容與表達更加生動、豐富、充實。我們就能寫出內容充實、立意高遠的佳作。

點子

張幸怡

南京市第十三中學二〇一一屆

愛思考，愛幻想，喜歡在自己的世界中遨遊，渴望實現自己的人生夢想。

現就讀於東南大學。

「老師，老師，你聽我說，我昨天晚上做了一個有趣的夢。」小湯姆激動不已地喊道。

老師和藹地俯下身子問：「什麼有趣的夢啊？你這個鬼靈精怪的小傢伙真是可愛啊。

「我夢見一棵好大好大的樹，大概有一個學校那麼大。樹閃閃發光，漂亮極了，我走近一看，哇，樹上掛的不是蘋果也不是梨，而是鞋子，好多好多發光耀眼的鞋子，我都驚呆了。」小湯姆手舞足蹈，身臨其境地跳來跳去。

老師也十分好奇，感興趣地問，「然後呢？你有沒有摘下來一隻？」

小湯姆一愣：「好像沒有。」

「那麼，只有鞋子嗎？是不是還有衣服、文具、毛線玩偶？」老師立刻笑著問道。

「沒有，應該沒有吧。」小湯姆有些奇怪地盯著老師。

「怎麼會沒有呢，你再想想，這可是一棵大樹啊！」

「哦，有的，有很多東西，總之，都非常漂亮。」小湯姆好像想起了什麼。

老師滿意地摸著小湯姆的頭：「就是啊！還有，你的爸爸呢，

他在你身邊，對不對？他一定也很開心啊！」

小湯姆想說沒有，根本沒有，但是他盯了一會兒老師的笑臉後卻輕聲說道：「是啊，爸爸把我抱了起來了。」

老師越來越興奮了，此時，聰明的老師心中那個已經有了一個點子。

老師繼續問：「既然有這麼多東西，那，一定是在一個盛大的節日裡吧！一定人很多吧。」

「是的，老師，是這樣的。」小湯姆一臉窘相。

「嗯，那麼也許是耶誕節嘍？」

「對，老師，這些應該都是耶誕節禮物。」

「一定是這樣，小湯姆你真有想像力！你這鬼怪精靈的小頑童，告訴老師，你把這些禮物怎麼樣了？」

「我摘下了一些禮物，送給窮人家的孩子們，讓他們也可以開心地過耶誕節，我感到非常驕傲。」小湯姆已經快哭了，為了不讓老師發現，他只得低下了頭。

「真是好點子啊！我真是為你感到驕傲！你應該把這樣的好點子寫下來，以免日後忘了！快！快回去寫下來，明天把作文交給我，我替你投稿，讓每個小朋友都能知道你的好點子！好孩子，快去，快去！」

第二天，小湯姆交上了作文，我夢見了一棵有一個學校那麼大的樹，樹上掛滿了禮物，我把它們摘下來送給窮人。

一周之後，這篇作文獲得了全區組織的「金點子」作文比賽一等獎。

小湯姆拿著獎狀，心裡酸酸的，現在，誰還會知道最開始他做的那個有趣的夢呢？

小小的「點子」卻蘊含了豐富的哲理。兒童的世界永遠是天真無邪的，即使是做夢也是不帶有任何功利色彩的。可是成人世界呢？老師引導的結果是小湯姆獲了獎，同時也引發了我們的思考，這樣的「點子」真的就是好「點子」嗎？

聯想很具體，想像很獨特。在貌似幼稚的對話之中，卻讓我們體現了作者精巧的構思和蘊含的智慧。

細讀此文，發現畫面感強，對話很豐富，語言角色定位很准，很符合人物的身份。童聲稚語中卻有酸酸的感覺，古人有揠苗助長的教訓，今人也有為教而教的毛病。

王傳軍

雨過天晴

王一民

江蘇省海州高級中學二〇一二屆

睿智理性，喜歡用文字記錄心靈，探尋生活。文風乾淨，樸素，有深度。

現就讀於南京林業大學。

　　車剛到站的時候，天空中飄下了零星的雪花，它就那麼隨意地、淘氣地落在我乾裂的嘴唇上。

　　感受著嘴唇上慢慢融化的白晶，我突然想到了我小時候在院子裡堆的那個白白胖胖的雪人。我們用小手一捧一捧仔細地堆放，在它鼻子處插了根被我咬了半截的胡蘿蔔，塞上兩顆石子當做眼睛，頭上再胡亂加點樹枝，蓋上黑漆漆的，笨笨（我家小狗）的毯子，一件稱得上是「完美」的作品就這麼突兀的擺在我們眼前，一捧捧雪都包含著我們年幼飛翔的純淨夢想。

　　我換乘了一輛車，發動機發出平穩而又安詳的聲音，外面的世界白茫茫的一片。

　　忘不了隔壁的「老巫婆」抄著竹竿追我們卻怎麼也追不上的氣憤表情，滿是溝壑的臉擠成了綿延的山脈；忘不了小升初時，迫切的我蹬著小車，第五趟往返於學校和家之間，希望的臉上掛滿了汗水；忘不了初升高，中考的最後一天，我躺在了講義與書鋪成的床上酣眠……忘不了。

　　車開始加速。

　　我的思緒又被拉回到現實，沉重的書包，沉重的眼鏡，沉重的作業，沉重的眼皮，交相輝映出看似不沉重的高二。

阿呆曾戲謔著對我說：「啊哈，你要是再睡我就抽你了哦。」是啊，那個酣眠的童年哪去了？

　　我不斷地思索著，想要從同齡人身上窺視出早先前的影跡，但他們藏得太深，我漸漸失望了。

　　是的，冬日的寒冷令大多數人縮手縮腳。

　　不經意地一瞥，窗外閃現出一對祖孫同行的影子。那祖母帶著帽子，背著把劍，看來是要去晨練，孫子背著小小的書包，牽著祖母的手，喘著大口大口的粗氣，像一頭歡快的小牛。這不就是以前的我嗎？

　　隔著車窗，祖孫二人漸漸化成了黑點。雖然天氣很冷，可陽光好像打了個彎兒，照射在我的心田。

　　每個人都有自己人生旅途發展的不同階段，重要的不是沿途的風景，而是看風景的心情，如果有委屈使你昏昏沉沉，沒有精神也得打起精神。

　　車再次到站，我背著書包下了車，卻感覺不到重量。

　　文章亮點有五個：開篇以環境描寫營造氛圍，把讀者帶入淒冷的意境，結尾與開頭相照應，結構嚴謹；選材貼近高中生活，易喚起同齡人的同感；文章現實和回憶交叉進行，善用聯想，打破了平鋪直敘的感覺；注重詳略，詳寫童年的充滿童趣生活，而現實的單調只用了四個「沉重」，兩相對比，更突出現實的無奈；行文自然，議論點睛，水到渠成。

吳生友

朦朧雨巷

劉雨婷

江蘇省海安高級中學二〇一三屆
文藝理科女，愛幻想愛閱讀，願在一壺清茶中品恬淡人生。
現就讀於同濟大學。

「撐著油紙傘，獨自/彷徨在悠長、悠長/又寂寥的雨巷，我希望逢著/一個丁香一樣地/結著愁怨的姑娘。」

戴夢鷗一詩叩開了無數人的心扉，細雨迷霧之中，那一個似真似幻的丁香姑娘，熟悉得彷彿鄰家的小姑娘，卻又如同夢境一般縹緲、虛幻，讓人為之神魂顛倒。

南唐李璟有詩言：「青鳥不傳雲外信，丁香空結雨中愁。」此詩以雨中丁香結的古意象象徵著人的愁心，而戴夢鷗卻生生將這一意象延伸為了一個如丁香一樣結著愁怨的姑娘。丁香瞬忽即失的意象賦予少女以一種朦朧而詩意的美，讓她如同一朵綻在宣紙上的墨梅，墨汁一圈圈染開去勾勒成妙曼的身姿，模糊的意境卻絲毫遮蓋不住它散發的光輝。這便是雨巷獨有的美麗，事物所具的美感在那片氤氳水氣中綻放出半瓣芳華，卻餘下整片花兒供人遐思，進而盡顯無窮韻味。

象徵派代表詩人李金髮曾說：「夜間無盡之美，是在其能將萬物僅顯露一半……所有看不清的萬物輪廓恰成為一種柔弱之美，因為暗影是萬物的服裝。」我想暫稱這種為最有代表性的雨巷情結。萬物在這種情結之下盡顯優美與妖嬈等各種風情。其實，雨巷又何止這一層意思。雨巷，是戴望舒詩中朦朧隱晦的痛，是他眼中美好

450
筆尖上的成長：名師帶你讀作文　卷一‧中冊

卻不可及的未來，是他心中最高的理想和追求！無數人前仆後繼奔著他們的理想和未來而去的時候，所為的不僅僅是成功的輝煌與果實的甜美，更是為了追求未來本身就有一種無以言喻的朦朧的美，就在手邊，卻永遠看不真切。

最美的美，永遠是新生著萌動著，朦朧如夢幻的美。這種美，遠一步則顯得孤高而寂寥，進一步又褻瀆了純實的畫面，美到剛剛好。不由思及如今的中小學姐世界小姐一類的選美，都要求參賽者們穿的少些少些再少些。這種赤裸裸的「美」只能飽一飽好色之徒的眼睛，而由內而外散發出的真正的美卻被冷落在一旁。我可以想像出這種無趣的美隨時間而傷逝之景，藉而慶倖著到如今，雨巷仍然活在人們心中，不曾遠離，仍舊朦朧地訴說著那個丁香一樣的夢。

《文心雕龍・隱秀》曰：「隱之為體」，曰「優采潛發」，蘊藉美景與朦朧。也願你掬一捧月光，淺酌望舒的丁香《雨巷》。

文題很新穎，要求考生以朦朧美與熟悉美為主題，考察其對美的理解。本文作者緊扣朦朧之美，引述以戴望舒的《雨巷》，勾勒一種亦真亦幻的美。

文章開頭直接引用《雨巷》中的名句，既奪人眼球，同時也奠定了恬淡的基調。緊接著展開聯想和想像，對其中丁香少女的描寫，應和著南唐李璟的詩，成功的展現出朦朧之美的形象，初步引出主題。尤其「丁香結」的意象與墨梅之比為本文增色不少。

而李金髮的名言則一下子借暗夜點出朦朧之美的主題，將淺層面的形象美引申為精神美。關於理想的論述將文章提高了一個檔次，使之不流於淺薄。

文章最後以選美為例，反面論證了朦朧之美的夢幻，收束以
《文心雕龍‧隱秀》的「隱之為體」與「憂采潛發」，使文章
典雅不失莊重。

這篇散文語言如詩，意境如畫，讀之口角噙香，實為佳作。

濮小平

又見花兒爛漫

張煜婕

江蘇省贛榆高級中學二〇一一屆
唯一堅信的是寫作是種無法表達的快樂，唯一渴望的是成為簡楨筆下的人物：
鞭馬，揚塵，想必他的人生只是不斷尋找驛站，給馬一抱枯草，給自己一碗酒。
沒了故事，沒了過往，我兩手空空地站在你面前，既局促又慶倖。
現就讀於南京醫科大學。

　　雲子住在大山附近的一個小村莊，那裡有繁茂的樹林，清澈的河水以及厚實的大地。雲子的生活簡單樸素但幸福。在清晨醒來，聽著母親在院子裡忙碌的聲音，雲子的內心湧現出說不出來的安靜祥和。

　　院子裡有兩棵高大挺拔的泡桐樹，在春天裡會開大朵大朵有濃郁香味的花。雲子就在這花開花落間長大。雲子以為日子會這樣波瀾不驚地過下去。

　　那個秋天略顯寒冷，枯萎的葉子像是道疤痕停駐在空氣裡。雲子的母親在某個陽光帶著模糊感的下午去世了。泡桐樹乾瘦的葉子在風中發出「窸窸窣窣」的聲音，隱約地聽見其中夾雜著的雲子斷斷續續的嗚咽。

　　冬天特別冷，雲子習慣了一個人回家，為父親做飯，打掃房間。只是雲子覺得房子裡驀地多出了一股腐朽的氣息，它深深地滲入了每一個角落，每一寸空氣。而父親開始喜歡搬張椅子坐在屋後的商店門口曬一整天的太陽，或者花一下午在街角下一盤象棋，高興時拉著雲子講講那些陳年往事，卻唯獨不提母親。雲子也從未向父親開口她有多想念母親。

　　雲子在黑暗裡踱步，站在自家褪了漆的大門前發呆。同班的男

生結伴從小巷裡走過，瞧見她，便竊竊私語：「她是沒媽的孩子……」

聲音不大卻刺耳。雲子低了頭，眼眶突然紅了。她緩緩地推開了門，看到父親在泡桐樹下抽煙。父親抬頭瞅了瞅雲子，好像有很多話要說但最終只是三個字：「回來了。」雲子「嗯」了一聲就快步從父親身邊走過。

雲子哭了一夜。雲子突然想起母親兒時為自己唱過的童謠，母親融入夕陽裡的笑容，母親溫暖的臂彎以及牽著自己走遍大街小巷的寬厚的手掌。

第二天早上，雲子起床準備為父親做早飯時，卻發現父親早已煮好了面坐在桌邊等自己起床。雲子沒有說什麼，只是坐在父親對面埋頭吃面。過了很久，雲子都沒想到自己該跟父親說些什麼。而父親點了根煙，看了眼雲子，突然說：「雲子，我們得好好活下去。」雲子停頓了一下，抬眼望瞭望父親，然後拼命地點頭。

有風從視窗湧入，雲子的眼淚突然「吧嗒」地墜入碗裡，在油面上一層層漾開。

從那以後，雲子承擔了所有的家務。左鄰右舍都誇雲子勤快能幹。雲子的父親有些局促地搓了搓覆滿老繭的雙手，驕傲地站在狹窄的小巷裡微笑。而雲子站在父親身後一言不發，那眉眼像極了母親。

春天又到了，泡桐樹又開了一樹淺紫色的花朵，空氣裡洋溢著濃郁的香味，雲子站在泡桐樹下笑了。

又是一年，又見花兒爛漫。

「又見花兒爛漫」即是又見雲子的笑容。在母親突然離世，父親沒了生活方向，整個家庭沉浸在腐朽與凄冷中時，雲子陷入

淒苦黑暗中，但父女倆最終「重現美好」，找到了生活的方向與信心。

作者通過想像「雲子」的命運變化來表達文章的主題。又見花兒的爛漫，通過想像雲子在經歷生活的變化後心靈的變化，抓住了人物的特徵，想像自然，描寫細膩生動，給我們以美與感動，告訴我們生活需要堅韌。

想像中往往伴隨著聯想，結伴的男生看見「雲子」發呆，會聯想到「她是沒媽的孩子……」；由「私語」的刺激，聯想到母親唱過的「童謠」、母親「夕陽裡的笑容」、「母親溫暖的臂彎」、「寬厚的手掌」。

馬繼光

綻放

董若筠

江蘇省南京市第十三中學二〇一二屆
嫻靜溫婉，喜愛讀書，熱愛寫作，曾多次在省市作文大賽上獲獎。
現就讀於南京理工大學。

　　如果你就任地球村的第一任村長，請擬一份就職演說。題目自擬，不少於八百字。

　　各國的朋友們，大家上午好，感謝你們的到來。

　　在演講臺上，我能看到你們所有人的樣子，你們尚有倦容，你們略有陌生，但你們的眼中滿是好奇與熱情，因為這些，我被鼓舞了。是的，我被你們鼓舞了。我，作為地球村的第一任村長，但同時，我也是你們中的一員。我來自東亞大陸上一個古老而神秘的國度，我身上的血液，我的思維習慣，我的靈魂信仰，面對這一次的交流與碰撞，面對首次以世界公民的身份生活，我和你們一樣，驚喜之後是不安。

　　若說我們有什麼共同點，我的答案是：一次生命。一次渴望充實、渴望拓寬的生命。這便是我們的底氣，我們的信念，我們得以消除不安的唯一方式。昨日，我經過你們的屋舍，我看不到日本的朋友在我種櫻花樹。我陡然意識到我們是帶著民族性格在此生活的。櫻花之於日本不僅僅是美麗二字。我以為他們是在追求一種生命極致的絢爛，為求一瞬綻放的華采願意承受空幻和惜敗的感傷。我曾閱讀過德富蘆花的《自然與人生》，其中〈哀音〉一篇有這樣

一行句子：有言悲之而不為悲。悲戚決非最重要的事，唯求生命一次綻放。如此言之，有這般輝煌的生命理想作映襯，我們何懼於那些微小的不安和阻礙。而放棄一次撫摸世界文化的機會，不求取一次自己生命的綻放呢？

華茲華斯說，他是一朵孤獨的流雲，飄浮在山谷之上。英國朋友們，你們的文化根基是莊重而內斂的，但其中不乏《詠水仙》這種浪漫而外熱的情懷；康得以繁星密佈的蒼穹和人心中的首先律為思考、探求的物件，我們又怎能不驚歎這一理性又謙卑的人文信仰。南美的朋友們，你們有熱情血性的足球，自由奔放的桑巴，你們更有脫胎於風俗民情的魔幻史詩《百年孤獨》。今日，我們的聚焦，該是最引人神往的。我們保有著本民族的自我，保有那些時間檢閱過的優秀精神財富，實現一次綻放，你的，我的，世界的——生命的，文化的，精神的。這是最好的際遇，最大的夢想。

美國的朋友們，你們的民族英雄馬丁·路德金曾發表過一篇震撼世界的演講——〈我有一個夢想〉。今天，我想說，我們都有同一個夢想，無關民族，無關國家，僅以人類為單位、為尺度。

黃金在天上舞蹈，命令我歌唱。請撫摸你的心臟，那是我們每個人血液的發源地，以此相和，共奏生命之歌，求取一次綻放。

現場作文比賽對學生的臨場應變、文學積澱和思想深度都是一次真實的檢驗。這篇競賽作文題的題型新穎，其要求學生能有一定的發散思維，學會用聯想想像的方式來構思文本。本文的作者在有限的時間內很好詮釋了這一主題。就職演講稿應有現場感。本文開篇即不凡，從地球村村員臉部的表情入手引出自己的心情，對話體的方式拉近與聽者的關係，細微中見關懷。文中作者還充分調動自己所學，引經據典，揮灑自如，體現了

作者深厚的文學積澱。「追求一種生命極致的絢爛，為求一瞬綻放的華采願意承受空幻和惜敗的感傷」這一對日本櫻花的生命解讀，足見作者思想的獨到與深刻。而這樣智慧的閃光處在文中更是比比皆是。學生的想像之作常會有空中樓閣般的不切實感，可本文卻大氣厚重又親切激昂，令人難忘。

張芩

素錦華年

江蘇省新海高級中學二〇一二屆
只是一個誤入書海的女孩，在別人的故事裡忘乎所以。她分明典當了似水流年，
換取與文字的相逢。她在書卷裡幾度流浪，耕耘春秋，
用詩意的筆觸訴說一個不經世事的女孩如何長成娉婷女子。現就讀於遼寧大學。

　　總喜歡在日影慵懶的午後，抑或星辰流瀉的深夜，一遍遍整理那些我無處安放的青春和花朵一樣搖曳的過去。像籠了輕紗的幾場夢，我們的青春華年，已在歲月的青草地上，打馬而過。

　　回望那些潦草著卻純白的曾經，驀然發覺，青春的我們，是天真無瑕，朝氣蓬勃的代名詞。青春的我們，只是佇立，便成風景。

　　偌大的天空平鋪直敘著一片濃墨重彩的藍，明藍透徹下散佈著一張張素淨的笑顏。不施粉黛，素面朝天。沒有刻意雕琢，只是粲然微笑。用最明亮的快樂，將流雲一樣清新的日子肆意塗抹。

　　停歇，在青春的驛站。我們拒絕所有的城府與陰暗，過著單純的生活，單純到不用擔心失業或通貨膨脹，無所惦念；單純到只知騎著單車穿梭於婆娑樹影，自得其樂；單純到以為所有初見的美好都會戛然靜止，永不離開。而或許只有在青春日漸消亡的那一天，我想我們才會窺察出生活的真相，才會感知到，原來逝去的如花般綻放的片段，只不過是青春為我們編織的謊言。即使如此，我們依然會選擇被欺騙，心甘情願。因為一切都是未知的，因為我們年少時那顆潔白的心，像藍寶石那樣難尋。

　　奔跑，在青春的廣場。年少輕狂的時節裡，我們總是滿懷希望，卻又無可皈依。只用倔強固執的姿態，堅守著最樸素，卻也最

4
5
9

高貴的信仰，連同時刻閃亮的夢想。不可置疑，我們喜歡悠閒與散漫，但又有誰能夠抵擋風緊貼著耳際呼嘯而過的快感呢？於是，在青春空寂的廣場上，我們更願意用奔跑的模樣，不顧一切地去接近遠在天涯的夢想。世界寂靜，只有飛馳的幻夢與妄想。這大概便是青春給我們最寶貴的恩賜。

放歌，在青春的田野。誰曾如是說，「我們付出的熱情的全部意義，只是在日後用來凜冽地遺忘」。但又有誰忍心淡忘一首歌的旋律？拋開所有的拘謹與矜持，我們只管放聲歌唱，且聽風吟，以此來張揚我們獨一無二的個性，宣告我們獨一無二的存在。遊走在混合著馥鬱青草香味的空氣裡，歌聲將我們虛空的心一點點填滿。每每此時，總會浮現出時光飛回流轉的感覺，幻覺一般。在那些風起風落的日子裡，沒有什麼理由地，我們在放歌中忽略多餘的憂傷與陰霾，擷取絲絲縷縷透明的歡暢。

這就是青春嗎？像一頁頁翻書的感覺。頭腦炫白一片。

如果，青春是一條素白順滑的綢緞，我願意印上最鮮紅的足印。像初來這個世界那樣，用一種最鮮豔的方式，把專屬於我們的青春紀念，把專屬於我們的素錦華年紀念。

面對「青春」這一生命的特殊的驛站，小作者有著獨特理解：「青春的我們，只是佇立，便成風景。」對於「青春」歲月的生命，小作者有高度的概括：停歇，奔跑，放歌。

面對人生意識日益覺醒、情感日益豐富的多彩歲月，「沒有什麼理由地，我們在放歌中忽略多餘的憂傷與陰霾，擷取絲絲縷縷透明的歡暢。」「沒有刻意雕琢，只是粲然微笑。」

面對人生追問生命旅程方向的季節，「於是，在青春空寂的廣場上，我們更願意用奔跑的模樣，不顧一切地去接近遠在天涯

的夢想。」

作者喜歡通過聯想和想像來拓展描寫的情境。

閻建安

美麗總是哀愁的
——讀《我的遙遠的清平灣》有感

江蘇省新海高級中學二〇一一屆
溫暖而理性的文字，帶我領略生命的無限可能。現就讀於清華大學。

　　上世紀八十年代描寫知青的作品中，不乏著筆於知青生活的苦難的作品，但是還有一批作家能在那段艱苦歲月中回歸到最原始淳樸的農民生活，在祖國最廣闊的農民土地上思考人生。史鐵生的《我的遙遠的清平灣》就是這樣一部作品。

　　史鐵生筆下的清平灣，日子雖然清貧，但是人與人之間流淌的感情卻是最最豐沛的。在「我」病倒的時候，隊長會給我端來珍貴的白饃；看到「我」腰腿生病，大家把最機要卻相對輕鬆的餵牛工作分給「我」；破老漢會把兩個說書的瞎子老鄉引回自家窯裡，拿出剩下的乾糧給他們吃，全村人還出錢請兩個瞎子唱了一回書。其實，破老漢自己都吃不飽飯，哪裡會有所謂的「剩下的乾糧」呢？遙遠的清平灣裡，連牛都是格外善良的。半夜裡，專橫的老黑牛怕壓到身下的小牛犢，站著，喘著粗氣，卻始終不敢臥下。這就是清貧但是永遠溫情脈脈的清平灣。

　　每次讀《我的遙遠的清平灣》，我都會被文章散發的淡淡的哀愁氣息所吸引，一如當初讀《邊城》時的體會。在陝北的那個叫清平灣的小山村裡，在見不到真正的平坦的原地的黃土高原上，在那片古老而貧瘠的土地上，勤勞質樸的人們沒有過多的奢望和要求。破老漢和鄉親們的願望就是「一股勁兒吃白饃饃」，「老漢家、老婆

兒家都睡一口好棺材」。每當寫到老漢用破鑼似的嗓子唱起「崖畔上開花崖畔上紅；受苦人過得好光景」時，那豪放而又憂愁的曲調彷彿就回蕩在我的耳畔。用他們的話說，「人愁了才唱得好山歌」。陝北的民歌都有一種憂傷的調子，陝北的漢子們心裡熱煎得受不住了，就放開嗓門唱一段。什麼時候才能唱出紅火快活的山歌呢？作為革命老區的陝北，大家都懷念當年紅軍到陝北的日子，「吃也有的吃，燒也有的燒」。破老漢不是那種糊糊塗塗、只知幹活吃飯睡覺的老式農民，他曉得現今上頭的事「都是那號婆姨鬧的！」曾經眼見著就要過上紅火的日子，現在卻彷彿背道而馳越走越遠了，也怪不得唱的歌都是悲傷的調子了。透過知青們的眼睛與筆桿，我們看到了仍然在那片土地上默默生存辛勤勞作著的人們，他們善良且極其容易滿足，但正是這種純樸與善良讓我們心酸，因為他們值得更好的生活。這些世世代代辛勤勞動的人們，什麼時候才能真正過上好日子呢？

十年後，雙腿萎縮早已不能行走的史鐵生，用筆記錄下了他當年的這段知青生活。比常人更加坎坷的人生經歷，讓他能夠從那段艱辛的生活中汲取前行的勇氣。那些從苦難中自尋其樂的人們，一定給他無法行走的人生提供了繼續前進的力量。堅韌不拔的毅力和頑強的生命力，是史鐵生向我們展現的，也是清平灣的鄉親們帶給史鐵生的吧。

文章的結尾寫道，留小兒真的攢夠了盤纏來北京，也有錢給爺爺買二胡了。清平河水依舊在流，紅犍牛還健朗地活著。破老漢依舊成天「瞎唱」，只是悠悠的山歌裡終於不再只有憂愁。善良勤勞的人們終究還是過上了好日子，這是鄉親們留給我們的信仰。

史鐵生真的回不去清平灣了。只是我相信，清平灣並不遙遠，它一直靜靜地在他心裡流淌著，也蜿蜒進了我們心裡。

史鐵生的《我的遙遠的清平灣》筆法平實而浪漫，這篇文章也給人相似的感覺。

字裡行間，清平灣、史鐵生與本文作者三個維度不斷交替，而作者將這些轉換把握地十分自然，彷彿在讀者心中創造出這樣一種迭像的意境：作者已然身處清平灣，望著那裡的破老漢、紅犍牛，親身感受著清平灣這片古老而貧瘠的土地中所蘊含的民族底蘊；同時，作者又站在史鐵生的身邊，聽他將一段知青生活娓娓道來，見證著清平灣的鄉親們帶給他「堅韌不拔的毅力和頑強的生命力」，也引發了自身的思考。

清平灣並不遙遠，它靜靜地流淌在我們心裡。這是作者讀後的體會，意蘊深遠，引人深思。本文不僅僅是一篇讀後感，更是一次心靈的浪漫之旅。

王書言

鳳凰涅盤

王彬吉

江蘇省鹽城中學二〇一三屆

熱愛文學，熱愛生活，熱愛寫作。最欣賞汪國真的一句詩：

既然選擇了遠方，便只顧風雨兼程。我寫，故我在。現考入廈門大學。

鷹拔去羽毛，磨光喙和指甲以延續壽命；鳳凰自焚，在烈火中獲得新生。苦難，成就不屈的生命。

——題記

夜已深，露重霜寒。

琴聲依舊高古，寂寞亦如時空般永恆。那二十年的朝聖夢，從湘西邊城如煙的薄霧中彌漫，凝望成沱江一脈多情秋水，緩緩流過昨日、今夜和明宵。

邊城是一個夢，一個無法醒轉也無法企及的夢，清幽的意境，醇美的氛圍，行雲流水地渲染開來，讓人產生幾近絕望的感傷。文如地名，美麗鳳凰。

在時代的風雨中，先生作為文學家的生命最終融入一片冰冷的鉛色中。《斥反動文藝》的發表是喪鐘的敲響，迫使先生以文學生命和個性美麗的終極換取人世的祥和與幸福。

鳳凰泣血。邊城作為在戰亂中遺世獨立的天空之城，被別有用心的人粗魯地從天空摘下，並狠狠摔碎在地。天地同悲。

鳳凰在大限將到之際集梧桐枝幹自焚，在烈火中重獲新生。其羽更豐，其音更清，其神更髓。

先生在「文革」的苦難中新生，編撰《中國古代服飾研究史》，填補了中國古代文化研究的一項空白。編撰這本書的歷史就是與命運的抗爭史。當辛苦收集的文物資料被紅衛兵以「消毒」的名義毀於一旦時，當先生遭受非人的辱　折磨時……劫難暫平，先生帶著倖存的文物散牒來到郊外的一家斗室。斗室狹小昏暗，四壁掛滿紙片碎頁，終日星燈不滅，與塵囂隔絕而使人忘卻黃昏。鄰居隔三差五來敲門，聽見裡廂有應答聲，知那半瘋半癲的人還活著，才放心離去。偶而詢問「晌午了，先生不吃飯麼？」先生於是恍然，過幾條街買幾個饃，然後再沿原路返回……

　　在風雨如盤謗言如雨的塵世裡，世態炎涼，寒風如刀，一陣緊似一陣地襲向他。

　　他不畏懼、不退縮，用真誠和意志澆灌出珠璣的文字，在風雨如晦的天空裡有自己的一小片天堂。那支曾流淌出邊城月色長河落日的筆，又一次流淌出《中國古代服飾研究史》。

　　那個曾用一本書福澤生養他故土的少年已逐漸成長，他懷抱受傷的赤子之心在故宮幽暗的庫房在郊外昏暗的斗室裡療傷。沈先生無數次提及行吟浣水河畔的屈子，在近代文學的河床上，先生也如屈子般行吟而來。不同的是，屈子赴水得以昇華，先生卻以全身心經受煉獄之苦鑄成一把鑰匙，開啟學術之窗。苦難，成就先生不屈的生命。

　　這是中國文學史不幸之中的大幸，先生終得涅盤重生。

　　內容有底蘊，思想有深度。以鳳凰涅盤為喻，書寫了沈從文先生不屈的精神。字裡行間洋溢著力量與豪情，充滿了對沈從文先生的敬仰崇敬之情。聯想豐富，思路清晰。

廖海燕

筆尖上的成長　A0900006

筆尖上的成長：名師帶你讀作文　卷一　中冊

主　　編	李震	
責任編輯	蔡雅如	
發 行 人	陳滿銘	
總 經 理	梁錦興	
總 編 輯	陳滿銘	
副總編輯	張晏瑞	
編 輯 所	萬卷樓圖書股份有限公司	
排　　版	菩薩蠻數位文化有限公司	
印　　刷	百通科技股份有限公司	
封面設計	菩薩蠻數位文化有限公司	

出　　版　昌明文化有限公司

桃園市龜山區中原街 32 號

電話 (02)23216565

發　　行　萬卷樓圖書股份有限公司

臺北市羅斯福路二段 41 號 6 樓之 3

電話 (02)23216565

傳真 (02)23218698

電郵 SERVICE@WANJUAN.COM.TW

大陸經銷

廈門外圖臺灣書店有限公司

電郵 JKB188@188.COM

ISBN 978-986-94911-7-4

2017 年 5 月初版

定價：新臺幣 320 元

如何購買本書：

1. 劃撥購書，請透過以下郵政劃撥帳號：

　帳號：15624015

　戶名：萬卷樓圖書股份有限公司

2. 轉帳購書，請透過以下帳戶

　合作金庫銀行　古亭分行

　戶名：萬卷樓圖書股份有限公司

　帳號：0877717092596

3. 網路購書，請透過萬卷樓網站

　網址 WWW.WANJUAN.COM.TW

大量購書，請直接聯繫我們，將有專人為您服務。客服：(02)23216565 分機 10

如有缺頁、破損或裝訂錯誤，請寄回更換

版權所有·翻印必究

Copyright©2016 by WanJuanLou Books CO., Ltd.

All Right Reserved　　　　　　**Printed in Taiwan**

國家圖書館出版品預行編目資料

筆尖上的成長：名師帶你讀作文. 卷一 / 李震主編.-- 初版.-- 桃園市：昌明文化出版；臺北市：萬卷樓發行, 2017.05

　冊；　　公分

ISBN 978-986-94911-7-4(中冊：平裝). --

1.漢語教學 2.作文 3.中等教育

524.313　　　　　　　　　　106008393

本著作物經廈門墨客知識產權代理有限公司代理，由華文出版社有限公司授權萬卷樓圖書股份有限公司出版、發行中文繁體字版版權。